A WŁAŚNIE, ŻE POWIEM!

ZABAWY PIERWSZEGO SADYSTY

EWA LAWRESH

Wydanie oryginalne w języku angielskim *I will tell, anyway! Games of the first sadist*, Oksford 2021 r.

ISBN 978-1-8384133-1-6

Dla CIEBIE

SPIS TREŚCI

JAK KORZYSTAĆ Z TEJ KSIĄŻKI

Not a pr awn a, informacyjna i edukacyjna.

Materiał w książce jest fabularnym przedstawieniem tego, jak mała dziewczynka pamięta przeszłość. W żaden sposób tekst nie może być traktowany jako specjalistyczna porada psychologiczna bądź jakakolwiek forma diagnozy. Autorka nie zachęca Czytelnika do podejmowania jakichkolwiek kroków opisanych w książce. Czytelnik bierze pełną odpowiedzialność za skutki, które wywoła u niego lektura książki.

Osoby, miejsca i wydarzenia występujące w książce są artystyczną wizją przedstawioną w formie dziecięcych wrażeń wewnętrznych, które są indywidualnym i subiektywnym odbiorem doświadczania własnej rzeczywistości. Dziecko to doznaje przedłużonej traumatyzacji na skutek sadystycznych tortur bez jakiegokolwiek wsparcia. Doświadczenia te są zbyt duże, jak na jego możliwości emocjonalne, i wprowadzają je w stan przetrwania.

Jakiekolwiek podobieństwo do prawdziwych miejsc, wydarzeń i osób, żyjących i zmarłych, jest wewnętrznym i subiektywnym, zmysłowym wrażeniem Czytelnika, za które tylko on może wziąć odpowiedzialność.

Autorka oświadcza, że jej celem nie jest skrzywdzenie, pomówienie, oczernienie, przedstawienie w złym świetle kogokolwiek treścią książki.

Książka jest przeznaczona wyłącznie dla osób pełnoletnich.

- Ale ja jestem dziewczynką – powiedziała Mała Eliza.
- I tak już zostanie… - odpowiedział.

Tato,

Usłyszałam od Ciebie, że jeśli
powiem komuś, to mnie zabijesz.
Umarłam słysząc to zdanie.
Ty już umarłeś, a ja mówię
wszystkim mąą prawdę...

WSTĘP

To, co czytasz, jest moją prawdą. Potwierdzają to moje dalsze życie i czyny, zachowania, słowa, wierzenia, wybory, poglądy, lęki, zahamowania. Wszystko, co było w tym dzieciństwie, to była moja prawda. Odzwierciedliła się ona w całym moim życiu, na wielu różnych poziomach i w wielu wymiarach.

Każdy, kto był w moim dzieciństwie, może mieć tam swoją prawdę i mógł to widzieć inaczej. Podobnie, jak świadkowie wydarzenia niejednakowo opowiedzą historię tego, co zaszło. Dla każdego z osobna będzie się ona różniła nawet w maleńkich szczegółach, innym może się ona nawet różnić w całości. Do tego stopnia, że dwie osoby, będące odbiorcą i obserwatorem jednego wydarzenia, zdadzą dwa całkowicie odmienne sprawozdania.

Książka jest dla małej Elizy, dla małej dziewczynki. By dzisiaj wiedziała, że to tylko historia, i że ma wybór. To jest, to był świat małej dziewczynki. Starałam się oddać wszystkie detale, które pamiętałam i w trakcie mojego zdrowienia trawiłam miesiąc po miesiącu. Moje dalsze życie pokazało, jakie musiało być dzieciństwo, że stworzyło mnie taką, jaką byłam.

Ta książka nie jest w stanie oddać, absolutnie nie jest w stanie oddać tego co czułam i co naprawdę się wydarzyło w moim dzieciństwie i co ta dziewczynka przeszła. Słowa nie są w stanie oddać tragedii tego dziecka. Tam trzeba by się znaleźć - doświadczyć tego i przeżyć milimetr po milimetrze, sekunda po sekundzie.

Wiem już, czemu nigdy nie mogłam i nie pozwolono mi wstać z podłogi. Zostałam zmuszona być na poziomie tych, którzy mnie niszczyli w całym moim życiu. Myślałam, że jestem z najniższej półki, tak jak oni, i że bycie na podłodze było w porządku. Wtedy, gdy byłam z nimi, miałam być mała, bo jak stawałam się duża, ustawicznie dochodziło do mojej tragedii: dehumanizacji i nieludzkich tortur. Niszczyli mnie wtedy. Niszczyli prawdziwą mnie, bym bez mojej własnej woli zeszła do ich poziomu.

Tato, oddaj mi moje serce, bo nie chcę kochać Twoim.

Mamo, oddaj mi wolność, bo nie chcę być Twoją niewolnicą.

Nasze serca zamykają się bardzo wcześnie, tak jak nasza wolność jest zabierana bardzo wcześnie...

Chodziło mi przecież tylko o odzyskanie mojego serca i własnej wolności.

Od trzeciego roku życia miałam myśli samobójcze. Moja mama też często mówiła, że się zabije.

Duża Eliza

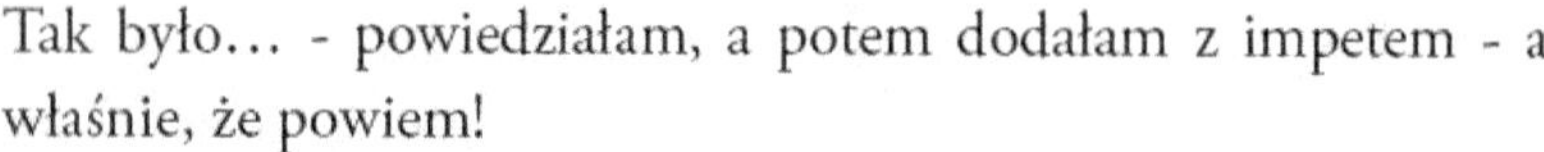

- Mamo, kto mi nadał imię?
- Twój tatuś - odpowiedziała z zaciśniętymi ustami - Po swojej kochance. A ja dałam imię Tosi, Julkowi i Halince.
- Ale on ją kochał?
- Nie wiem. Rzuciła go. Chyba go nie chciała. Ja nic nie wiem, nie pytaj mnie.

Tak było… - powiedziałam, a potem dodałam z impetem - a właśnie, że powiem!

1. ZDĄŻYĆ NIM MNIE ZŁAPIE

TRZĘSŁAM SIĘ. Stałam tam i patrzyłam. Na to okno. Właściwie jak patrzyłam na ten budynek, widziałam tylko okno, i tylko okno. Mamo, mamo czy ja mogę iść? Mamo, mamo, gdzie jesteś? Mamo, mamo, wpuść mnie.

Była zima. Leżałam w łóżku, w pokoju dzielonym z resztą przybranego rodzeństwa. Czuwałam. Tato walił siekierą w drzwi. Łup, łup, łup. Mieliśmy udawać, że śpimy. Byłam gotowa, ubrana w buciki i kurtkę, szczotka do zębów i kapcie pod kurtką.

Tato dalej walił, dudnienie czasem zmieniało tonację, czasem przestawał. Jakby sapał, kiedy już nie mógł się wydzierać – „Olga, otwórz drzwi!".

Nie było jak uciec, tylko przez przedpokój, a to wiązało się ze spotkaniem z nim. Nie wiedziałam co się wydarzy, czy zdążę, czy dam radę przebiec kolejny raz, czy mu ucieknę... Trzecie piętro, myślałam... i tyle schodów.

Nie liczyłam na żadną reakcję, choć czy sąsiedzi mogli nie słyszeć, że tato tak straszliwie wali w te drzwi? Ani telefonu, ani żadnej możliwości poinformowania kogokolwiek, że to się właśnie teraz dzieje. Nie mogłam także krzyczeć przez okno, bo miałam przecież udawać, że śpię.

„Nic wam nie zrobi, jak będziecie spali, on chce tylko mnie" - przypomniały mi się trudne do uwierzenia słowa mamy, skoro ja byłam kolejna po niej... Słowa mamy, która w tym samym czasie, tak jak ja, bezdźwięcznie leżała pod tapczanem.

~

Jest duszno, nie mogę oddychać. Boli mnie okolica serca. Prawie sapię, zaczynam łapać powietrze. Nie mogę złapać, to tak jakbym chciała otworzyć usta i poczuć, poczuć to, i nie mogę. Tak jakby jest coś zatkane w środku, tak jakby nic nie mogło wejść, ani nic nie mogło wyjść. Sytuacja bez wyjścia. Nic więcej nie istnieje, istnieje tylko to: muszę oddychać. Tam jest coś jak pułapka, jest zamknięcie, jest więzienie. Nie mogę nabrać powietrza. Chcę wziąć powietrze i nie mogę nabrać, jest tam niemoc. Dzieje się to tak szybko, choć dla mnie wydaje się to wieki. Boli mnie, bardzo mnie boli, moje serce bardzo mocno dudni: tum, dum, dum, dum, tum, dum, dum. Czuję pod dłonią puls.

Jestem cała spocona, cała spocona, aż czuję wodę pod nosem, na górnej wardze. Boję się, jestem przerażona, chcę wziąć powietrze. Czuję się, jakbym była zamknięta w jakiejś klatce, w jakimś pudełku. Prawie macham, podnoszę ręce i tak jakby macham, krzyczę i nie mogę. Tam wchodzi szara przestrzeń, prawie jakbym traciła już... tracę, jest szaro... i ta pięciolinia, i ten klucz wiolinowy. I nagle mogę wziąć powietrze – mało, za mało... więcej... nie mogę. Jeszcze raz. Nie mogę. Jestem słaba. Czuję, że ręce mi opadają i nogi, tracę kontakt. Jest tam znowu niemoc, jakby to nie było moje.

Nagle krzyk. Wzięłam powietrze. A raczej odgłos wdechu. Jak często doświadczałam tego w moim życiu. Jak to się zaczyna, to tak jakby tracę władzę nad sobą. Tak jakbym słabła, jakby uchodziła ze mnie cała energia, tak mi brzmi to zdanie mamy mówiącej do siebie, że „brakuje jej cukru". Leżę na łóżku... staczam się na podłogę. Staram się powoli doczołgać za zasłonę, aby tylko tym razem nie było tam butów tamtego pana.

Mogę oddychać. Boże, chyba umieram. Za dużo, aż mi się ciemno zrobiło w oczach. Chcę wziąć oddech. Zaczynam czuć, jak powoli krew zaczyna krążyć. Jakby wracała do mnie z odpływu, jakby zaczynał się przypływ. Tak jakbym znowu mogła ją poczuć.

Może znów przyjadą do nas milicjanci. Albo tato znów będzie na mnie krzyczał. Albo będzie się ze mnie śmiał. Tam tak wszędzie śmierdzi tym alkoholem. Nie mam swojego miejsca, nie mam gdzie pójść. Dokąd ja pójdę, gdzie ja się podzieję?

Jak on bił mamę, to zawsze miałam takie miejsce. Była taka ścianka pomiędzy wejściem do kuchni a do pokoiku. Druga ścianka była pomiędzy ubikacją a łazienką. Ja się wciskałam w ścianę tak bardzo, żeby nie mógł... nie mógł zobaczyć, że oddycham. Tak, jakbym mogła stać się biała jak ściana. Tak, żebym mogła stać się ścianą, żeby mi nic nie zrobił. Na koniec – jeśli mi się nic nie stało – widziałam krew na ścianie albo plamę wódki po chluśnięciu kieliszkiem. I taka struga ściekała. Wiele razy straciłam przytomność, nie pamiętałam co się działo. Tak jakby film się urywał.

Pięciolinia i klucz wiolinowy to stały motyw moich snów w dzieciństwie. Czasem budziłam się po prostu jak w terrorze, spocona, w panice. Budziłam się, tak jakby żeby nabrać powietrza, i właśnie ostatnim motywem była pięciolinia i klucz wiolinowy. Tam jest coś takiego, że to jest miejsce bez wyjścia. Jak ja to widzę, to jest szare, są tam paski.

Ciekawe, że mi to przypomina duże zniszczenie w środku, w powolnym tempie. Są szare paski, wszystkie równe, ciągnące bez końca. I jest tam klucz wiolinowy. Tak jakby jest to klucz, że można stamtąd wyjść. Ja tego nie wymyśliłam, ten motyw był u mnie bardzo często i on jest związany zawsze z terrorem. Jest to bardzo zła konotacja. Jest to pułapka i nie ma wyjścia, i to jest coś takiego, że to się ciągnie i ta pięciolinia nie ma końca, ona się ciągnie. To jest to miejsce bez wyjścia, bo ta linia ciągnie się tak, jak krew z nosa.

Tam jest coś jeszcze, to tak bardzo spowolnione tempo. I na tej pięciolinii w ogóle nie ma nut, jest tylko klucz wiolinowy. Jest otwarcie – są drzwi, jest otwarcie i nie ma końca... Wykorzystanie mnie... tak bez końca... i tato jak mnie wykorzystywał, i jakby było otwarcie, i jakby nie było już wyjścia nigdy, i że to już się nigdy nie skończy. I że moje dzieciństwo zawsze będzie tak samo wyglądać. I ja zawsze będę wracać do tego samego bycia wykorzystaną, braną, tak po prostu braną.

Ten motyw ciągnącej się pięciolinii wciąż mi się śnił. Tak jakby nowa noc, nowa kontynuacja, ale nic się nie zmieniało. Wciąż ten sam powracający sen, który nie ma końca. Czasem przykładowo są sny, które mają jakąś kontynuację. Ja też miałam taki – ten z kontynuacją. On zawsze był w tych pomieszczeniach, że ja nie mogę wyjść, i że jestem pozamykana jak w pułapce. Wciąż nowe pokoje, wejścia, wyjścia, i znów pułapka. A ten sen z pięciolinią jest taki, że to już zawsze będzie, że będzie tak samo wszystko wyglądać, w powolnym tempie... jak ciągnący się sadyzm... powolny sadyzm na szarych paskach. Nie wiem - w ogóle - skąd taki motyw?

A klucz wiolinowy pojawia się w moich snach pewnie dlatego, że tak bardzo pragnęłam grać na skrzypcach, ale nie było pieniędzy ani na nie, ani na lekcje gry.... Ale tak naprawdę jest to klucz związany z moim ciałem. To jest tak jakby otwarcie poprzez moje ciało, w którym jest cała ta tragedia mojego dzieciństwa. Też może być to klucz, który by coś zamknął. Jednakże on nigdy nie ma tej funkcji w tych snach. Nigdy.

Moje sny kończą się tak, że ja budzę się nagle i jestem po prostu całkowicie spocona i pierwsze co robię, to po prostu muszę z całej siły wziąć oddech. Bo czuję, że nie mogę. Czuję, że mam całkowicie... że otwór jest zatkany. Jestem pomiędzy tym, że chcę krzyknąć, a pomiędzy tym, że chcę wziąć oddech i nie mogę go wziąć. I jestem już tak spocona, prawie mi oczy wychodzą na wierzch, a ja wciąż nie mogę wziąć oddechu i zaraz się uduszę...

W tym korytarzu jest tak jak... Ja to widzę jak przez taką długą lunetę, że jak patrzę, to widzę szeroki otwór i potem coraz bardziej się zwęża. I coś takiego jak w drzwiach wejściowych, takie kółko jest, a potem taki kalejdoskop z obrazem na końcu... No kółko takie w drzwiach, gdzie się patrzy. Wizjer! I teraz tak: jak ja biegnę, to widzę to jak przez wizjer... moje oczy patrzą tylko tam, tam jest wyjście.

Jak sama zostawałam w domu i mama kazała mi się zamykać i ja wtedy patrzyłam przez wizjer, czy tato nie nadchodzi. Mam bardzo silnie wpisane w moim oku prawym zniekształcony, trochę taki zmiażdżony obraz klatki z wizjera. I tak samo, kiedy biegłam, widziałam drzwi i tak właśnie widzę mój przedpokój i on jest w kształcie kiszki. Jednakże dla mnie, jak biegłam, on był w kształcie koła.

I potem mi się to odtwarza jak jestem w rzeźni, w budynku rzeźni u wujka i myję jej metalowe ściany w środku. I wtedy jest ta sama sytuacja, jak obserwacja przez wizjer, i że muszę uciekać, i tam też zaczynają się ataki paniki i nie mogę oddychać. Ja w ogóle uciekam w ataku paniki. Może tam jest tak, że w ogóle tam jest takie coś, jakbym miała połknięte powietrze i ja tak długo biegnę, aż przebiegnę przez ten korytarz, przecisnę się przez te drzwi. Ten wizjer, który jest tak jakby moim wizjerem, w ogóle czymś, co jest na drzwiach jako kulka. Coś jakby, że przebiegnę przez to, przecisnę się pomiędzy ręką i dopiero wtedy wybiegnę. I jestem na schodach i tam jest dopiero uwolnienie. Żeby mnie jeszcze nie złapał za nogę albo za rękę.

Na schodach przestawał, tak jakby on już rezygnował, wtedy wracał do domu. Ja nie wiem co tam było, ale on nie gonił dalej, nie gonił na podwórko. Zostawał jakby w domu, jakby to była jego jakaś twierdza, jakaś jego posesja, i pilnował jej, i czekał kiedy my wrócimy. Wracałyśmy dopiero jak mama szła pierwsza i sprawdzała, czy on zasnął. Dopiero wtedy... Czyli ile ja czasu musiałam potem czekać na to, aż ona to sprawdzi. I wtedy znowu stałam pod oknem i wyczekiwałam, i patrzyłam na kamienicę.

Jak dla mnie, to przebiegnięcie przez ten korytarz było takim jakby wbiegnięciem i przebiegnięciem przez wizjer. Bo ten wizjer był w ogóle dla mnie symbolem właśnie tego, czy on przyszedł, czy nie. I tak jakbym biegła przez ten wizjer, jakbym biegła i z tej strony było to bardzo długo, tak jakby nie było końca. Że mi się wydawało optycznie, że to już jest koniec, a ja dalej musiałam biec. Mimo, że w rzeczywistości tam było 3,5 metra. Tyle to zajęło małej dziewczynce.

Ja mam też takie poczucie, że jak już przecisnęłam się przez drzwi, i on mnie nie złapał, i byłam na klatce schodowej na tych schodach kamiennych, na klatce... To była już jakaś część uwolnienia, ten dotyk zimnych schodów bosą stopą, chociaż ja byłam już cała spocona i to był ten pierwszy tak jakby sygnał, że ja mogę wziąć już powietrze, ale muszę bardzo uważać.

Moje ciało było całkiem napięte i musiałam bardzo sprawdzać oczami, gdzie i co się dzieje. Sprawdzałam, żeby nie spaść ze schodów, bo cały czas pamiętałam, jak on zrzucił staruszkę ze schodów i ona turlała się tak na moich oczach. I to był ten pierwszy motyw przy schodach, który miałam. Ja sama nigdy nie spadłam ze schodów. On też zrzucił swojego dalszego kuzyna ze schodów, popychał... tak nagle popychał... od tyłu... On mu przynosił jedzenie, ale to było w innym mieszkaniu, gdzie on sam mieszkał, ten kuzyn to mówił... Widzę ją po prostu staczającą się na moich oczach, ale tak, że ja jestem u góry, widzę to z góry. Nie pamiętam, czy coś jej się stało. Nie pamiętam zakończenia, ile miała lat.

On nienawidził, i tak spychał, staruszka zabił, swoich braci uderzał. On tak bił i bił innych, nawet jak ktoś chciał mu pomóc, wtedy nikogo nie dopuszczał do siebie.

W tym korytarzu, w przedpokoju, dla mnie czas biegu był taki wydłużony... W ogóle to jest tak, że czas biegu był dla mnie najważniejszym motywem mojego życia. Czyli że jak ja nie przebiegnę, to umrę. Tam nie było nawet ważne, czy ja oddycham, czy nie. Miałam tylko oczy i nogi wtedy i ja miałam dobiec do celu. Bez względu na to, jak daleko ma to trwać. Tam nie było czasu, on nie istniał. To było mierzone w odległości - jak daleko ma to być. Chciałam wziąć oddech i dla mnie to było jak zakończenie życia, że tam nie ma znaczenia już, jak to długo będzie trwało. Natomiast faktycznie był to tylko 3,5 metrowy okres. Okres nawet krótszy niż wzięcie powietrza i zanurkowanie do wody. Tylko że widzenie tego w środku trwało wieki.

Dla mnie zarówno przebiegnięcie tego korytarza, jak i wzięcie oddechu, trwało wieki... i tak wyglądały moje ataki paniki, kiedy leżałam pod kołdrą, tam było tak samo. Moment, kiedy on otwierał te drzwi, czyli położył dłoń na klamce i to strzykanie poruszaną klamką, taki odgłos w przestrzeni... To był moment, kiedy ja nie oddychałam, i dla mnie to trwało wieki. Bo ja nie wiedziałam, co się znowu wydarzy. Ja nie wiedziałam, jak się znowu skończy ta noc.

On też tak inaczej widział, gdy sięgał po kieliszek wódki... Jak nie mógł go chwycić, jakby chciał coś złapać, jakby uciekającego... Albo jak krzyczał do siebie, bo nikogo więcej tam nie widziałam... kiedy byłam schowana za framugą drzwi. Potem w snach miałam to rozsunięte tempo, spowolnienie.

Rozmiar jednych schodów był takiej długości, jak mój korytarz... mniej więcej z podestem. Zbieganie ze schodów miałam tak opanowane, że potrafiłam przeskoczyć 8 schodków w całości nie dotykając żadnego. Przeskakiwałam czasem też dwoma krokami, a miałam tylko 5 lat. Nie bałam się upadku, bo najważniejsza była dokładność. Miałam wypracowane, pod jakim dokładnie kątem przebiec wzdłuż okna, żeby nie uderzyć w ściankę i odbić się tak, żeby móc zawinąć i przeskoczyć kolejny raz. Dwa kroki po całości jednych schodów, i tak kolejne dwa razy. Jak się kilka razy uderzyłam o tą ściankę na początku, to aż mnie odrzuciło. Potem już dokładnie wiedziałam.

Wtedy czułam wolność. To było tak, że tak jakbym już była rozpędzona. Nawet czułam coś takiego, tak jakbym była już po wystrzale z gumy, z takiej procy, jaką robiłam w dzieciństwie, którą kolega mi pokazał, jak się robi i jak się naciąga. I jak zbiegałam ze schodów to jakbym była wystrzelona z procy, tak sprytnie jak wystrzelony kamień.

To zbiegnięcie w cyrkulacji i kołowości, tak jak spirala klatki schodowej, było tak szybkie, że ja nagle, ni stąd ni zowąd, w takiej cyrkulacji i wielkiej wolności mogłam wyskoczyć na śnieg. I ta druga część tego biegu była najpiękniejszym moim układem wolności. Ja nawet nie doświadczałam takiej wolności, jak zasypiałam pod kołdrą spocona, tak jak doświadczałam wolności cyrkulacji kołowej. Natomiast później kochałam, na przykład, tańczyć kołowo. Kochałam tańczyć i wywijać nogą tak, żeby zrobić układ, przykładowo dwa czy trzy zestawienia, które zresztą sama sobie wymyślałam w pokoju, a kiedy byłam w uczuciu przerażenia, pchało mnie to do tańca. Bardzo mnie w ogóle fascynowała kombinacja układów tanecznych. Tak tworzyłam je w czasie strachu, napięcia i zatrzymania, wtedy pojawiały się moje pomysły.

Uciekałam czasem boso, jeśli nie zdążyłam się w nocy przygotować i włożyć bucików cicho pod kołdrą. To każde lądowanie mojej stopy na zimnym kamieniu schodów powodowało doświadczenie wolności. I potem to samo odtwarzałam za każdym razem. Na przykład, jak byłam na koloniach w czasie wakacji nad jeziorem, to jednym z moich ulubionych doświadczeń było w rozbiegnięciu wskoczenie do wody i ten moment rozbiegiwania się, i moment stąpania stopą po podłożu: po piasku, czy po trawie... Ten moment takiego odepchnięcia i takiego wskoczenia do wody, i obłupienia się wodą, i tego pierwszego haustu. To takie życiodajne...

Tego samego doświadczam też za każdym razem, kiedy był

strzał z pistoletu na zawodach w bieganiu. Tuż po nim miałam wystartować. To, jak odpycham się stopą od podłoża i wyskakuję tak jakby w życie... Dlatego tak kochałam biegać i kochałam wiatr we włosach.

Za każdym razem, jak zbiegałam po tych schodach, czułam też moje długie włosy i one się tak też rozwiewały wtedy na boki. Tak... miałam tam też zawsze to doświadczenie takiego powiewu. Bo dla mnie wtedy to było wszystko tam w ogóle w szybkim tempie. To jest szybsze tempo, niż się wydaje w normalności – w normalności jest spowolnione, a to z uciekania jest szybkie.

Pięciolinia była tuż przed przebudzeniem, albo że tato mnie dorwał w którymś z pokojów we śnie i wtedy też się ona pojawiała, no i jak on wchodzi to chwyta za klamkę i wtedy się jakby ten klucz pojawia. On otwiera tym kluczem, on naciska na klamkę i pojawia się pięciolinia, która prowadzi do niewiedzy. Bo nie wiadomo, co się dalej wydarzy. Czy, przykładowo, on zabije mamę, czy nie, czy wylądujemy we krwi, czy potem mnie dorwie, czy mama ucieknie, czy ja zostanę, czy Tosia pójdzie po niego?

To dla mnie jak rozpoczynająca się kolejna historia – to otwarcie klamki. Tato wchodzi i jest od razu klucz na pięciolinii i to samo się dzieje w tym samym czasie. Ja widzę pięciolinię, i się budzę i mam atak paniki, i chcę chwycić powietrze, i nie mogę, i otwieram tubę gardłową i nic nie wlatuje. Tak bardzo chcę tego powietrza i nic nie wlatuje. Jest cisza, nic nie wlatuje, nic nie wlatuje, nic nie wlatuje, nic nie wlatuje i jest takie „aaaaah" i jest pęknięcie.

Tuż przed pęknięciem pojawia się moja chęć wzięcia powietrza... moja chęć życia. To jest ten napęd, który mnie uratował w życiu. To jest ten napęd, kiedy zaczynam biec i tam jest coś takiego, że ja nie wytrzymam już i jest coś takiego, że muszę wziąć powietrze. I tam jest ten impuls. Zaczynam się trząść, trzęsą mi się plecy... jak tato przychodzi... dodatkowo jakbym miała taką drewnianą tabliczkę na plecach, która by mi wisiała i podskakiwała tam od tego trzęsienia się.

Tak czułam jakby atak odejścia energii w ciele i po tym całego drżenia. Moje ręce stawały się takie zimne, w środku gorące, a na zewnątrz zimne, i tak było też z całym ciałem. Tak jakby ono zaczynało się zamrażać powoli od zewnątrz, a w środku tak jakby drżało, i te stany nie pasowały do siebie. To jest przerażające dlatego, że to jest nagłe, ni stąd ni zowąd, i nie wiem co się dzieje, i nie wiem dlaczego to się dzieje, i nie wiem co się dalej wydarzy.

Tak jakby moje ciało żyje swoim własnym życiem i odmawia współpracy, odmawia mi. I jeszcze bardziej się nakręcam w panice, i jeszcze bardziej nie wiem co się dzieje, i przestaję oddychać, oczy zaczynają latać. Ja już nie widzę rzeczywistości i wtedy błagam moją tubę, żeby wzięła powietrze, i ona nie może, i nie chce. Chcę otworzyć tubę, a widzę to jak taką zamkniętą linię, że ja chcę otworzyć tą linię, że chcę ją rozszerzyć. Tak jak nie wiem, na przykład jest słomka zaciśnięta, tak jakby kółko zaciśnięte. Pamiętam, jak potem bawiłam się tym, żeby to otworzyć. Jak dmucha się w słomkę i ona jest przykładowo zaciśnięta z jednej strony palcami, i tam są jakby ściśnięte dwie linie, tak jak są zaciśnięte usta.

Takie właśnie mi coś przychodzi, że to jest jak ktoś chce wcisnąć coś w usta komuś, a ja je wtedy sobie zaciskam. Tak jest kiedy tato wyciska mi jedzenie na zewnątrz buzi, albo jak mam kaszel z flegmą... Tak jak to czuję teraz... Straszne to takie, jakbym chciała coś wyrzucić z gardła, takie zaflegmienie. To jest bardzo podobne – jak ona, jak zaczyna oddychać, to ta tuba, ona jest tak jakby podrażniona, tak jakbym długo krzyczała. I tam piecze mnie i jest tak podrażnione, tak jak wyszorowane papierem ściernym dosłownie, taki ból od tarcia, i pieczenie, kiedy nabieram pierwsze powietrze. Do jakiego stopnia jest ten ból... Tam jest jak taki dzióbek ptaka otwarty i on jest w środku zaciśnięty, i on jest wyszorowany, i czerwony.

To jak taka walka... jak długo trzeba cierpieć, aby przyszła ulga, że żyję. Tak samo, jak kiedy cierpię z tego wirowania, a potem jest bieg i ulga z ucieczki od taty, i kręci się w głowie po wzięciu pierwszego oddechu. A jeszcze bardziej, jak nie mogę znaleźć widzenia, ten wzrok mi lata, ale pierwszy oddech jest taki, że mogę się w końcu ocknąć. I zaczynam wtedy czuć moje ciało, że leży, i to dopiero wtedy, gdy jestem w pozycji leżącej, na podłodze lub w łóżku.

Wieczorem, przed snem, leżę w pokoju na tapczanie tapczanopółki. Rozkrywam kołdrę, bo jest mi za gorąco. Moje przybrane rodzeństwo już śpi. Halinka miała taki problem, chuda była, miała zanik jedzenia, zemdlała, pojechała do szpitala. Tak mi opowiedziała majacząc, w ogóle nie rozumiałam tego, ale pamiętam, że się pociła. Bałam się, że umrze. Widziałam, jak się tak pociła, to jej białą koszulkę zmieniłam. Czułam tak jakby, że muszę jej uratować życie. Ja nigdy nie czułam, że jestem głupia, ale ona tak. Mama jej to mówiła. Ale Halinka praktycznie w ogóle nie istniała w moim dzieciństwie. Tylko jakby pojawiała się kilka razy w różnych scenach.

I leżę tam na tym tapczanie, i jest ciemno. Czasem widzę taką smugę od księżyca na suficie, takie jedyne światło wpadające do pokoju... Tak jest bardzo ciemno i patrzę na sufit. I to jest często tak, że miałam takie ataki i brak oddechu jak on ją bił w przedpokoju, albo w pokoju coś z nią robił. I to było, że ja w ogóle nie oddychałam, samo się wszystko zatrzymywało, wstrzymywało w bezruchu, aż potem miałam już arytmię stwierdzoną w wieku chyba ośmiu-dziewięciu lat. Tak stwierdzili w przychodni podczas badania.

Badali mi serce w przychodni i okazało się, że mam większy mięsień sercowy niż przeciętnie dzieci w moim wieku. Stwierdzili, że to od biegania, że uprawiam sport. Natomiast no nie uprawiałam sportu, bo nigdy nie chodziłam ani na sks-y ani na nic. Nigdy w życiu nie byłam na sks-ie i nigdy nie brałam dodatkowych lekcji z biegania. Powiedziałam, że mnie serce boli i miałam naloty potów, i poszłam na jakieś ogólne badanie.

Zwykle bałam się pójść nad ranem do szkoły. Wtedy też dostawałam ataków paniki. Więc przykładowo zimą, żeby nie pójść do szkoły, żeby zachorować i chociaż tydzień nie pójść do szkoły, to najpierw szłam na podwórko i podmarzałam się, a potem zamrożona taka siadałam przy kaloryferze w swetrze, żeby się spocić. Potem posłyszałam gdzieś u jakiejś babci, że można dostać temperatury od surowych ziemniaków. Zatem wtedy zimą, po cichu, brałam surowe ziemniaki i cięłam w plasterki i gryzłam je siedząc pod kaloryferem, tak żeby zachorować... No ale ani razu nie zachorowałam, chyba się zahartowałam.

I tylko raz, co ciekawe, raz zachorowałam jakoś chyba przypadkowo. Powiedziałam mamie, że źle się czuję, że nie chcę iść do szkoły, a ona nie chciała mi wierzyć i powiedziała, że mam iść do lekarza w takim razie, żeby było usprawiedliwienie.

Poszłam do lekarza i okazało się, że jest jakieś podejrzenie. Ja nie pamiętam co to było, ale zrobili mi próbę na skórze trzykrotną i się okazało, że muszę dostać zastrzyki na 10 dni. Ja byłam tak zaskoczona, bo ja po prostu do szkoły nie chciałam pójść i nie sądziłam, że po prostu z tego wszystkiego zastrzyki jakieś wyjdą...

I pamiętam, że pierwszy raz w życiu wtedy poczułam coś takiego, że ja mogłabym mieć wpływ na moje własne pomysły. I że byłam tak zaskoczona, że pomyślałam sobie... o boże, że muszę następnym razem uważać, co sobie życzę, bo to się wydarzy i od tego nie uciekłę. Miałam jakieś osiem lat, to już chyba taty nie było... I to były moje jedyne zastrzyki w życiu, oprócz potem operacji, tak to nigdy nie miałam więcej.

Natomiast jeśli chodzi o zastrzyki, to strasznie się wstydziłam pokazać pupę u lekarza, jak dostawałam te zastrzyki. Chyba bardziej mnie to przeraziło, że doktor nie stwierdziła u mnie grypy już z tego wszystkiego, właśnie z tymi moimi takimi marzeniami na chorowanie, tylko że te zastrzyki. I nawet, mimo że one były bolesne, nie chodziło mi o ból, tylko o to, że muszę komuś pupę pokazywać. Ja i tak w tym domu już byłam tak po prostu rozdawana tym mężczyznom co tam byli.

Akurat ta, co dawała zastrzyki, to była pani, dodatkowo dochodziło to, że moja mama mnie łapała za tyłek w domu, więc tam czułam taki wstyd. U mnie i od kobiet właśnie, tam był zawsze taki bardzo duży wstyd, bo mama mnie strasznie zawstydzała jak byłam nastolatką i jak rosłam, w ogóle o kobiecość zawstydzała. Jak sobie wyrywałam brwi, to krzyczała na mnie, że jestem dziwką, że zrobiłam z siebie dziwkę, że mam się jej nie pokazywać, że mam się wynosić z pokoju. Tak jakby chciała i posiąść, i odrzucić moją seksualność.

„Lepiej żeby się urodzić chłopcem, to i w życiu będzie łatwiej" - mówi mama …. Bo w jej rozumieniu świata tak było łatwiej przeżyć…

W szkole znów dostałam ataku paniki. Bałam się tam być, byłam cicho, nie krzyczałam, miałam taki połknięty publicznie głos. Wtedy chowałam się w ubikacji. Innym razem to było w świetlicy, gdy z dziećmi się bawiłam. Mama czasem mnie zostawiała jak musiała długo pracować, a ja skończyłam lekcje. To wtedy chowałam się w ubikacji, tak jak robiłam to w domu. Jak działo się to w czasie lekcji, to musiałam po prostu wstać i wychodziłam.

Chowałam się też w szatni na dole, wciskałam się pomiędzy kurtki i tam cicho ledwie oddychałam. Ławeczka była drewniana i twarda i wszędzie było dużo kurtek. Tak bardzo się wciskałam i się przykrywałam kurtkami jakimiś wiszącymi obok, i wtedy tam siedziałam schowana, albo leżałam. Zwykle nikogo nie było, ani dzieci, ani woźnej.

Leżałam schowana… Patrzyłam na sufit i tam była taka lampa długa prostokątna, a w niej dwie długie świetlówki. W szatni takie siatki jako ściany odgradzające kolejne szatnie, były na szaro pomalowane, takie bardzo blisko ściśnięte, falowane, albo światło takie mrugające, tak jak z migawek. Było też takie gumoleum cięte w kwadraciki i układane albo co jeden, albo równo. Patrzyłam się i te kwadraciki nigdy nie miały jednolitego koloru, tylko jakąś taką rysę nalotu. Na przykład takiego, to był taki ciemny kremowy, z taką jakby białą łezką kremową, gdzieniegdzie, i czasem był taki odpęknięty przy rogach i cement było widać pod spodem wylany. Można się było też potknąć, na przykład kapciem. Czasem sobie to tak podginałam i się tym bawiłam.

Tam trochę był taki stęchły zapach od kurtek, szczególnie po deszczu i wilgoci. Szatnie były zamykane, a czasem nie, nie wszystkie, bo przykładowo w świetlicy też były szatnie, otwierane w przerwach. W tej pierwszej szkole jak byłam, to nie, szatnie były tak dostępne, że można było normalnie zejść na dół i wejść do szatni.

Pamiętam, jak przeszukałam jedną kurtkę i nagle poczułam w palcach monetę, tak jak w domu, jak się bawiłam zimnymi monetami. Zaczęłam przeszukiwać kolejne. Czułam jakiś przymus, by to zrobić... Tak samo jak wtedy tato mnie tego nauczył w knajpie... Czułam przeraźliwy lęk, napięcie wraz z nawracającym atakiem paniki... Sprawdziłam kolejne kurtki, i kolejne... Bałam się i czułam, że muszę to robić, że jakby nie mogę przestać i coraz bardziej czułam nawracający atak, aż ponownie kładłam się na ławeczce... Raz przeleciałam całą szatnię i wszystkie wnęki z kurtkami dzieci całej szkoły.

Za wszystkie pieniądze kupiłam małą miękką małpkę z plastikową głową i plastikowymi łapkami, których jeden palec można było wkładać do rozdziawionej buzi małpki ze śmiejącymi się niebieskimi oczami. Byłam plastikowa jak mój pierwszy plastikowy miś na twarzy i łapkach... Jeszcze ten palec w buzi... Nie wiem, dlaczego chciałam ją mieć, ale jakoś przypominała mnie... i znów miałam atak...

Traciłam przytomność jak ona mnie biła... tak jakby pęczniałam w głowie od tego naporu… opadałam na podłogę, bo nie dałam rady uciekać, no albo mdlałam. Na przykład byłam już na podłodze, ale nie wiedziałam, jak się to stało. Z tej całej przemocy, którą widziały moje oczy w tym domu, widziałam siebie po tym wszystkim na podłodze. Leżę i widzę tylko ten mały kawałek. Coś jak przez wizjer, drzwi i framugę i ten przesmyk pomiędzy. Jak poczułam wiatr płynący przesmykiem, to się ocknęłam.

Obserwowałam jakiś czas podłogę pod różnymi kątami. Ja w ogóle od małej miałam bardzo silny układ z podłogą. To jak dla mnie takie jedyne miejsce, z którego ja już dalej nie mogę upaść. Ja też z podłogi bardzo dużo widziałam tego, co się działo w moim domu. No oprócz tego, że byłam często na stojąco wciśnięta w ścianę. Z pozycji podłogi i leżenia miałam przestudiowane w oczach drewno pod lakierem parkietu, albo klepki które tato wyłożył w łazience, tak dokładnie, że wiedziałam, gdzie były dziurki i pęknięcia od wylania cementu pomiędzy kafelkami. Czasem, jak leżałam kolejny raz, to wiedziałam, przy której klepce, gdzie było które pęknięcie. I to były takie odpowietrzone kulki, wnętrza kulek, takich otworków w tych paskach. Czasem jak dostawałam takiego ataku paniki, to dotykałam je palcami i one były takie zimne, albo czasem przykładałam policzek. Jak dostawałam takiego nalotu potu, to jest taki silny nalot i taki szybki, i ten brak oddechu, a potem jest tak szybko gorąco, a potem znów inaczej, niby gorąco i niby zimno.

Ja tam nie widzę końca tych scen. To już jest tak duże, że nie bardzo wiem, gdzie te wszystkie sceny się kończą. Jakby urywa się to, co jest dalej. To jakbym znikała i wracała potem bez środka po kulminacji. I tak co noc, powtarzające się sytuacje, że czuję, że nie mogę znaleźć spokoju w tym, w tym wirowaniu.

Przy tych atakach paniki… i braku głosu i braku wdechu, jak całkowite zatkanie… I taka kolejna noc i znów zasypiam w silnym gorącu i pocie, myśląc sobie jak długo to jeszcze będzie trwało, i że to się już nigdy nie skończy i gdzie ja się podzieję... i że potem kolejny ranek, takie utrudnione trwanie... i wciąż te zatrzymane obrazy w moich oczach jak widzę to... i że mnie nikt po tym nie dotyka i że ja nie dam się dotknąć. I wtedy ściskam pod kołdrą zimnego misia z chropowatego, twardego plastiku.

Jak uciekam i biegnę, to kiedy wybiegam z tego domu, to szukam pomocy, to jacyś ludzie mnie gdzieś tam dotykają, biorą gdzieś tam na kolana i mnie dotykają, i ja wtedy mówię co się dzieje i by mnie usłyszeli, by uwierzyli, mówię szybko... Jak trajkotka, jak to na mnie mama mówiła, i wtedy się trzęsę i nie chcę pokazać, że się trzęsę. Oni wtedy też zaczynają się inaczej zachowywać i dotykają mnie jakby inaczej.

Biegałam do różnych, tam gdzieś przypadkowo, gdzie biegły moje nogi i oczy gdzieś kogoś wypatrzyły. Biegałam do tej pani H. i ona miała takiego męża, którego się bałam, i syna, który ciągle podpalał naszą piwnicę w kamienicy. Albo jak biegłam do pani M., to musiałam przebiec cały plac, szybko zbiegając po schodach. Tam w tej klatce był taki zaduch z wilgocią na różnych poziomach... Tam sam bieg długo trwał... musiałam przebiec przez podwórze, bramę, potem biec przez cały plac i przez kolejne podwórze, do jej klatki.

Najgorzej, jak wbiegłam nie do tej bramy co trzeba, bo mi się już z tego w oczach dwoiło i troiło, i dzwoniłam i ktoś inny otwierał drzwi... Wtedy dostawałam znów ataku paniki, a już ledwie sapałam. Jak uciekałam z domu, to bramy myliłam bardzo często. Tam było zawsze ciemno i czasem był jakiś pan i łapał mnie. Jeśli zdążyłam uciec, wybiegałam i potem już tylko biegłam przed siebie...

Mimo, że robiłam to latami, nigdy bym nie pomyślała, żeby pobiec na milicję. Oni byli straszni i nieprzewidywalni, i było ich tak dużo. Oni byli dokładnie tacy, jak mój tato - straszny i nieprzewidywalny. Więc nie biegłam na milicję. Biegłam tam, gdzie znałam...

Tak jakby ta droga się wydłużała i skracała i nigdy nie wiedziałam, jak będzie następnym razem. Jakbym nie mogła odróżnić w ogóle kamienicy od kamienicy i bramy od bramy. Ale co dziwne, do bramy pani M. było takie podejście skokowe, a reszta podejść była przykładowo płaska. Zatem to była bardzo duża różnica. Czasem szukałam na tablicy nazwiska, jak ktoś akurat był w klatce i zapalił światło, ale nie mogłam odszukać, tak mi oczy latały.

To było takie jakby połknięcie siebie, kiedy po prostu jacyś inni ludzie mi otwierali drzwi niż trzeba. I ja nie mogłam z zaskoczenia mówić. Ale jak mówiłam, to już nie mogłam się zatrzymać.

Przez długi czas miałam też taki sen, powtarzający się, że biegnę. On jest ciągle związany z tym samym: że ja nie do tych drzwi trafiam, albo wchodzę do tych pokoi, co nie są tymi pokojami, i takie wąskie tunele. To tak jakby znowu jest powiązane z tym snem z pięciolinią. I we śnie i po obudzeniu czułam jeszcze większy chaos i taka duża siła w środku, tak napierała, że jakiś czas byłam w panice. W tym śnie tak jakby chodziłam od budynku do budynku, tak jak wtedy, kiedy w nocy poszukiwałam pomocy, żeby ktoś mi otworzył... jakby poszukiwałam własnego domu, własnego miejsca.

Uciekałam z domu, biegłam i biegłam, w różne miejsca. Raz pobiegłam do tych ludzi, i to było w naszej kamienicy, nawet jak bałam się do nich chodzić. Bałam się tego pana T. i tego pana z dołu. Czasem chowałam się do piwnicy u nas na dole. Tam często był jakiś facet z siurkiem. Albo na przykład biegłam przez łąki, albo uciekałam tam gdzieś wokół tych torów i tam siedziałam w krzakach. Czasem jeszcze dalej, pod takim mostem albo biegłam do tych, do tej D., ona na dole mieszkała, albo na górę, do A. Ale tam to ten pan się do mnie dobierał... On niby był dobry dla mnie... No a potem to za tym małym budynkiem z energią elektryczną się chowałam i patrzyłam na ten znak zygzaka. Bałam się tego znaku, ale nie bałam się samego budynku. Czułam, że był jakiś wmurowany...

Pamiętam też, że jak przybiegałam i oni otwierali drzwi, to bez względu na to, kto to był po drugiej stronie drzwi, widziałam takie u nich obrzydzenie na twarzy. Nie rozumiałam i nie pytałam, bałam się zapytać... ale czułam takie jakby poniżenie... Coś w rodzaju „znowu ona", „znowu się u nich coś wyrabia", i oni dzwonili na policję albo i nie. Właściwie to pani M. dzwoniła, ją dobrze pamiętam. Umiała pisać pisma do urzędów, znała przepisy. No więc jak do nich biegłam, do różnych, to nie czułam, że oni chcą bym przychodziła. Czułam, że przeszkadzam, i że znowu... a ja nie miałam gdzie pójść...

Nawet jak pani M. przyjmowała, to było już takie, że ona ma dosyć, ma nas już dosyć, naszej rodziny. Ciepłą herbatę mi dawała w szklance, w takim koszyczku z metalu. I tam, kiedy piłam, a była bardzo gorąca, oglądałam te wzorkowe otworki w koszyczku z metalu. Każdy innego kształtu, choć w całości tworzyły kwiaty...

I to był środek nocy, byłam w jakimś swetrze porozciąganym, mogłam spać na podłodze na materacu obok takiej lśniącej drewnianej szafki... I potem dopiero w środku nocy jeszcze moja mama przyszła, gdzieś dzwoniły na policję, nie spały. I potem nad ranem pisały pisma, żeby go podać znów czy co, pani M. mówiła o obdukcji... Cały czas pamiętam te słowa... których na początku nie rozumiałam znaczenia... „obdukcja, obdukcja, potrzebna jest obdukcja"... tak słyszane gdzieś w tle.

Widziałam, że jak na mnie patrzyli... że jestem jakimś utrapieniem i jakoś wiedziałam, że to mnie nie dotyczy, ale też wiedziałam, że jakoś to niosę... I tam właśnie coś takiego było, że tak jakbym jakaś taka niechciana była... że ja tak naprawdę to domu nie mam, i że jak tak wchodzę do kogoś, kto ma swój dom... I tam było też mi tak jakoś smutno, jak tak patrzyłam na te szklanki w koszyczkach, albo na tą pościel, albo że u nich w domu jest cicho, taki duży kontrast był w tym.

Często zasypiałam po długim nasłuchiwaniu o czym mówią i z wyczerpania, zmęczenia, spocenia, braku oddechu, potem znów ataków paniki... i pamiętam ten środek nocy zawsze... i potem taka niewyspana nad ranem... Jak się u nich budziłam, było mi tak dziwnie tam być, jakbym nie mogła tam być i się poruszać, i że mam być cicho... I takie w nocy jak urwane stop klatki, wyrwy, i gdzieś znów biegnę i tam może znów ten facet, jakiś taki obślizgły, idzie z rowerem i na mnie woła. Albo innym razem schodzę po schodach i jakiś inny facet siedzi na klatce i tam łapie mnie za rękę i chce mnie przyciągnąć do siebie, a ja... jak dam radę to się wyrywam i uciekam... to jest jak jakiś taki las, gdzieś tam ciągle biegnę, cały czas po prostu ktoś jest...

I takie było to nocne bieganie... a potem mi się wydawało, że oni jakoś się dowiadywali, gdzie byłam, gdzie uciekłam. Jak chodziłam do tych domów, to też oni mnie dotykali, ten mąż tamtej babki, on mnie zawsze zapraszał żebym przyszła i on wtedy mi siurka pokazywał, kiedy ja nie chciałam. I dostawałam takich lekkich zawrotów głowy...

2. ZABAWY PIERWSZEGO SADYSTY

Tato właśnie wszedł do domu. Było już ciemno, choć zaraz po tym, jak mama wróciła z pracy, więc jeszcze przed wieczorynką. Był na kacu, bardzo się bałam... Do domu przywiozła go milicja. „Z wytrzeźwiałki kurwa mać pierdolona" jak powiedział. Potem ucichł i nic nie mówił. Usiadł na fotelu i kazał sobie podać...

„Olga obiad!" wykrzyczał jak do psa. Brzmiało to jak tuba grzmiąca. Mama poleciała do kuchni bez słowa, jak trybik, i zaczęła przygotowywać jedzenie.

- „Chodź do mnie na kolana" powiedział tato do Tosi. Na mnie tylko przy tym popatrzył i powiedział do niej - „Kocham Cię Tosiu". I znów na mnie popatrzył, jakby zależało mu, by zobaczyć co ja zrobię. Nagle wypalił w moim kierunku - „A Ciebie nienawidzę, Ty mała kurwo. Nie jesteś moim dzieckiem, jesteś tylko do jednego, słyszysz?!" - warknął na koniec.

Bałam się... Dlaczego tato mnie nie lubi? „Co ja mu zrobiłam?" pomyślałam wciskając się skulona w oparcie krzesła. Może nienawidzi mnie, bo mam piegi, a może ja mam innego tatę? Przeszło mi przez myśl, że gdybym miała innego tatę, to on by mnie też tak kochał, jak ten kocha Tosię.

Mama nic mi nie mówi, że mam innego tatę. Czasem mówi tylko, że jestem jak on i chodzę jak on... Ale jak oni mają tego tatę, to jakiego mam ja? Dalej myślałam siedząc cicho, aby tylko nic mi nie zrobił.

„Elizka! Nie słyszysz co do Ciebie mówię?" - wyrwała mnie z cichych rozmyślań mama. Nagle podskoczyłam od uderzenia z tyłu w sam środek czubka głowy... Odwróciłam się. Spojrzałam w bok i zobaczyłam mamę z łyżką w uniesionej dłoni. „Ty byś tylko myślała o niebieskich migdałach, w tym jesteś najlepsza!".

Bałam się. Mama też się bała, a jak się bała, to wtedy krzyczała. Bardzo krzyczała. Jakby nie miała hamulców.

Wtedy dopiero zobaczyłam, co się stało. Mama przechodziła z obiadem i potknęła się o moje rozłożone kredki i blok. Wcześniej, nim przyszedł tato, rysowałam. Tak bardzo kochałam rysować. Uspokajałam się wtedy, wchodziłam w innym świat. Świat kresek, kółek, zygzaków i kolorów.

Spojrzałam ponownie na podłogę. Cały obiad leżał rozbryzgany na dywanie, tuż obok mojego bloku i rozsypanych kredek. Wiedziałam, że teraz nie będzie dobrze...

Tato zerwał się i chwycił mnie za pas dwoma rękoma, szarpną mną i przełożył przez ramię, i wciskając pazury chwycił silnie i włożył pod pachę. Nie wiedziałam, co się dzieje, ale działo się to wszystko bardzo szybko.

„O Ty kurwo jebana, już ja Ci pokażę". Był silny, bardzo silny, bo boksował przez wiele lat nim poznali się z mamą, a ja zwisałam z boku, jak szmaciana lalka. Zaczął z rozmachem zdejmować mi majtki, trzymając mnie jedną ręką w górze...

On mnie złapał jakby jak psa, pod pachę, tak jak potrafił złapać Zytę. Kiedy szarpał mi te majtki, to przy ściąganiu zaczepiły się one na końcu jakby o jedną nogę. On wtedy jakby tak chwycił tą nogę, tak szturchnął ją z całej siły, i poczułam jak lecę w dół zawieszona u góry, i poczułam na gołym pośladku pierwszy klaps, taki jakby wrzask skóry, i zaczęło się lanie....

Mama nigdy się nie odzywała. Nikt nic nie mówił, była cisza. Właśnie dla mnie najgorsze jest, że ja mam wrażenie, że ona ma z tego jakąś satysfakcję, że tam jest taka dzicz. Jest taka energia, taka agresja, że nikt nie ma tego na kogo wywalić wszystkiego, tylko jak zwykle na mnie. I ja jestem tą osobą, na którą jak zwykle można to wszystko wyrzucić. I tak jakby jakoś jej to schodzi, czy ulgę jej to sprawia, że tak jakby ona ma jakiś uśmiech na twarzy, gdy to widzi. Ona stoi i patrzy, nic nie mówi, nie staje w mojej obronie. Jestem w tym sama, nie ma nikogo innego.

Ja pamiętam tylko, że ja nie mogę zrozumieć, dlaczego on nie może mnie pobić już tak po prostu, tylko że do tego jeszcze zdejmuje mi majtki. W tym jest dla mnie coś tak niezrozumiałego… Ja się tak tego wstydzę, że on mi ściąga te majtki… W tym domu ciągle mnie o coś zawstydzano… i to na różne sposoby.

Może mama bała się, że też dostanie od niego za ten upuszczony obiad, przez to potknięcie się o moje rysunki… Może dlatego tak zareagowała, bo ona często dostawała od niego przeze mnie. Ale to dlatego, że to był tylko taki zapalnik, bo ten pan nie wyrabiał…

Często myślę, czy to mogło powodować, że ona była zła na mnie. Może dlatego miała jakąś satysfakcję:, „a masz za swoje, bo przez Ciebie bym dostała, narażasz mnie swoją lekkomyślnością”. Tak, ona lubiła tak mówić…i to słowo „lekkomyślność'… i takie żebym się na drugi raz opamiętała.

Czuję to jak taką jej zemstę na mnie, tam jakby tam było coś na jej twarzy pomiędzy uśmiechem, sadyzmem a triumfem. Potem widziałam to wiele razy na kobiecych twarzach, i w szkole u dzieci, i u nauczycieli, i poza szkołą, u ciotek przykładowo. Taki triumf nade mną.

Zaczęłam płakać: „mamo, mamo, pomóż mi, proszę, nie bij mnie”. Byłam już cała zastygła, a on bił mnie gołą dłonią. Wstyd wymieszany z bólem, takim pieczeniem od plaskacza jego wielką dłonią, i to upokorzenie, że bił mnie w goły tyłek. Jak mnie puścił, mama nie zareagowała. Nim uciekłam do swojego pokoju, wpierw pobiegłam szybko w kąt, za rankę. Płakałam tam.

„Przestań ryczeć, bo zaraz znów Ci wpierdolę".

Już nic nie czułam. Zakryłam twarz dłońmi i łkałam cicho, by nie słyszał. Mama w tym czasie szybko nakładała nowe jedzenie. Postawiła mu pod nosem na stole i poszła po ścierkę i szczotkę do podłogi. Na kolanach zbierała i czyściła dywan i trochę na parkiet chlusnęło. Podniosła kotleta i ziemniaki.

I zwisam tak z dołu, jak tato mnie trzyma… i mi się kręci w głowie w ogóle, bo ja jakby majtam się u dołu. Jedyne co pamiętam, to taką po prostu czerwoną twarz od wstydu, że on mi to robi. Że już nawet nie chodziło o bicie, nie chodziło o to, że robi mi to do góry nogami, tylko dlaczego on mi ściąga majtki? A tam jest właśnie takie to jego podniecenie sadystyczne, w powolnym tempie, tak jak na szarej pięciolinii…

Tam jest szarpanina. Boli mnie kostka, tak piecze w środku i otarcie skóry za zewnątrz, że on wyrwał mi te majtki, no bo tak ciągnął, że aż jakby wyrywał mi je przez kostkę. I to jemu nie wystarczyło, że mógł je spuścić w dół, tylko musiał je całkiem ściągnąć. Ale to był akt, to był cały akt przygotowawczy. To był jeden z największych aktów tak naprawdę, gdzie on się mógł jakoś wyzwolić seksualnie, a że mnie przy tym bił, to już było po. Taki szary sadyzm w powolnym tempie. No i dodatkowo to, że on nie działał pod wpływem alkoholu, bo był na kacu. Wtedy był najbardziej sadystyczny i wtedy też śmiał się tak gromko i obrzydliwie głośno. Jakby rechotał w długiej jaskini i takie aż mi echo szło w uszach….

Gdy skończył bić w podnieceniu i rechocie, to tak jakby opuścił rękę i zbliżył mnie do podłogi. Wtedy ja tak jakby, no z 50 cm, spadłam na podłogę i skuliłam się na plecach. Ale nic mi się nie stało, no bo ja wielokrotnie byłam rzucana, trochę jak lalą szmacianą, znałam to, jak dziwnie szybko odbija się ciało w środku…

Nie wiem, jak to wyrazić. To jest coś takiego, że on chwyta tak, i tak ściąga, i tak napierdala mi w tą pupę i plecy. Tak jakby na pokaz to robi, i potem bierze tą swoją łapą, i potem tak zrzuca spuszczając. Więc ja tak jakby zobaczyłam to, i że mi się w głowie kręciło od bólu. On zrobił tak, że machnął ręką w dół. To nie było w powolnym tempie, tylko po prostu machnął tą ręką. To było tak, że ja widziałam jego ręce… patrzyłam na nie, co robią…

Jak mnie spuścił, to oni wracali do tej kuchni i mama nakładała nowe jedzenie. Wtedy ja cicho szłam, nakładałam te majtki i ubierałam się w łazience. Potem szłam do pokoju i płakałam cichutko wsuwając się pod kołdrę, i siedziałam tam u siebie w pokoju. Ja właściwie uciekam, po czym chowam się po prostu tak, jak pobite zwierzę, jak sarna.

Tosia sobie siedzi przy stoliku, ona tam ma swoje miejsce, ona przynależy do tej rodziny. To ja jestem ta bita, kopana i wykluczana. To ja nie pasuję do tej rodziny, to ze mną coś jest nie tak. To ja nie jestem jego dzieckiem, a moja mama w ogóle mnie nie ratuje, więc tak jakby ja też nie jestem jej dzieckiem, nie.

Nikt mnie nie zauważa po tym wszystkim, oni zaczynają sobie jeść. A ja byłam powodem tego, że jakby im spuściło, ulgę sprawiło, że oni mogą sobie już spokojnie jeść, bo sobie ulżyli na mojej osobie. A tymczasem to ja muszę dojść do siebie sama, jestem sama i zostaję sama.

Schodzę z łóżka i szukam sobie zajęcia. Myślę o innej, wymyślonej rodzinie, rysuję, układam klocki, albo bawię się lalkami. I żyję w swoim świecie, i potwierdzam mojej mamie, że żyję w niebieskich migdałach. Oni rozluźnieni, a ja sobie szłam po prostu do swojego świata.

Ja się nie umiem jakoś połączyć z moim przybranym rodzeństwem, bo nie jestem kochaną Tosią, kochaną Halinką, czy kochanym Julkiem.. Ja jestem tym kimś, kto nie jest jego dzieckiem, ja za każdym razem dostaję. Kiedy moja matka dostaje i ja dostaję, to oni nie dostają. Ja mam do nich jakąś nienawiść też.

Ja się nie chcę do mamy i do nich zbliżać już wtedy, bo ja nie rozumiem, dlaczego ja to mam, dlaczego mi się to dzieje, a im nie. Jedyne wytłumaczenie, jakie mam, to „dlatego, że Tosia jest ładna". Po prostu to jest straszne, jak to wyszło. Ale to dlatego, że mój tato jest bardzo ładny i moja mama bardzo często opowiadała o jego wyglądzie.

Nie wiem dlaczego, że bycie ładnym jest jakoś u nas w domu poważane, że wtedy ma się więcej przywilejów, czy coś takiego. Że się jest jakimś wybranym. Tato głaskał Tosię po włosach, a mnie bił w moje ciało. Wobec tego ja sobie jakoś w ramach tego poukładałam, że może gdybym miała takie włosy jak ona, a ona miała kruczoczarne. A ja miałam taki, jakiś taki nijaki, jakby jasno brązowy, taki ceglany, taki jasny kasztan, i dlatego lubiłam tę piosenkę „kasztany…". Kiedyś mama mówiła, że to szatynka, jak tato, ale jakoś nie mogłam zrozumieć, co to znaczy. Nie pasowało mi to do żadnego koloru.

Tosia ciągle mówiła, i zresztą mi to okazywała: „bo Eliza taka już jest, bo Eliza jest taka dziwna, bo Eliza jest taka inna, bo Eliza jest chora". Czyli tak jakby, że ja jestem jakaś trędowata i ona nie będzie się ze mną bawić.

Ona na przykład wybierała tą taką Wioletę, najładniejszą w klasie, i Karolinę, która miała bardzo ładne blond włosy, i Dorotę ładną. Wszyscy chłopcy do nich szli i one wszystkie miały pieniądze. Czyli znowu ona tam tak jakby wybiera ten wygląd, jakby mi potwierdza wtedy jeszcze bardziej.

Moja mama nienawidziła swojego wyglądu i ona wybrała pięknego mężczyznę, za którym kobiety latały, i który się po prostu bawił tymi kobietami. No ale bawił się nimi dlatego, że jakaś Eliza - kobieta go skrzywdziła i nie umiał kochać. On spał z nimi tylko, jakby spuszczał, jak ze mną, jakby rozluźniał się.

Tak widziałam go po tym, jak te kobiety z nim leżały. Był spokojniejszy, tak jak zaraz po tym, co mi robił sadystycznie.

Moja mama nienawidziła swojego wyglądu, mówiła że jest brzydka. Mówiła do mnie, że jestem brzydka. Tam było coś takiego właśnie, że ona urodziła się ze znamieniem koło ucha i czułam, że ona jakoś swojej twarzy nie lubiła. Ona tak tą swoją twarz zakrywała włosami. No i potem nosiła grzywkę, bo nienawidziła swojego czoła, tak mówiła. Ona miała takie długie włosy, mysie, takie twarde i szorstkie. One nie pasowały do nikogo z rodziny, nikt takich włosów nie miał w naszym domu, nikt. Mamie też chyba tylko kilka razy wyrwali zęba... Tato tracił je w bijatykach.

Im tak bardzo zależało, żeby upuścić na mnie, popuścić, wyżyć się. Każdy, kto chciał się lepiej poczuć, zawsze się na mnie wyżywał. Albo jakoś mnie niesprawiedliwie, kłamliwie podkablował, albo na mnie zaczął opowiadać jakieś kłamstwa, albo zaczynał jakby wywlekać moje życie.

Bicie mnie działo się w tym domu wiele razy. To nie jest tak, że tato tylko raz to zrobił. To działo się w różnych, też innych miejscach. Bił jak nie mógł wcześniej do mnie przyjść w nocy. Bił, jak go przerastałam w pięknie i był zazdrosny o to. Bił, jak wracał z wytrzeźwiałki i milicja go biła. Bił, jak czuł się upokorzony. Bił, jak nie mogli wytrzymać, ona patrzyła z satysfakcją, on bił... Jak on był w domu, to każdy dzień taki był. Tak jakby on nie potrzebował okazji do bicia.

Jak już było po wszystkim, gdy już mi pokazali, jak tato i mama traktują siebie i mnie, i mama wróciła ze szpitala, to moja twórczość się zablokowała, mój glos i moja spontaniczna ekspresja też. Przestalam malować z serca. Gdy malowałam, zawsze czułam się napięta. Potem w ogóle przestalam. Tato tak ciągle bije za różne rzeczy, właściwie nie mogłam przewidzieć, jak go nie prowokować. Podobnie zresztą było też z mamą. Jak rysowałam, to moje rysowanie wzbudzało w nim wściekłość. Dostawał szału, kiedy rysowałam.

~

Jak ja robiłam twórczość, to on był zazdrosny, że ja robię twórczość i on też robi twórczość, i że ja mogłabym być od niego lepsza w twórczości. Jak wchodziłam w twórczość, on się pobudzał seksualnie. Wiem, że twórczość była dla niego jedynym niebem, jakie miał. On tylko wtedy miał uśmiech na twarzy, jakby stawał się kimś innym, jak jakiś jaśniejszy. Tak jakby twórczość dawała mu życie, a mi twórczość odbierał, jakbym ja nie mogła przy nim żyć w tym.

Wyciągnęłam z szafki malowankę. Siedziałam na podłodze w dużym pokoju, na kolanach, po cichutku podsunęłam blok i kredki i zaczęłam przerysowywać z malowanki. Był tam woźnica i dwa konie, i kobieta z mężczyzną siedzieli w powozie. Patrzyłam na malowankę i rysowałam. W mieszkaniu panowała grobowa cisza, słychać było tylko jak tato gryzie i połyka jedzenie, i pije kompot.

Kiedy zaczęłam rysować, tato krzyknął do mnie: „Schowaj ten język, nie rozumiesz? Schowaj ten język". Kiedy rysowałam i byłam skupiona tylko na tym, gdy się bardzo starałam, to mimowolnie wystawiałam język… Schowałam go, ale spięłam się. Po chwili tato zerwał się od stołu i chwycił pojemnik z pieprzem. Podbiegł do mnie i złapał mój język, wyciągnął go z całej siły i popieprzył mi go. Byłam jak osłupiała. Działo się to tak szybko , że nie było czasu na nic. Puścił mnie i wrócił na wersalkę, gdzie dalej jadł obiad.

„Ty mała kurwo, przestaniesz w końcu wyciągać ten język" dodał tylko na odchodnym. Płakałam i krztusiłam się jednocześnie. Pobiegłam do łazienki i zaczęłam myć wodą twarz i usta. Płukałam buzię i usta, jak przy myciu zębów, o które bardzo dbałam od początku. Moja mama nie miała już tylu zębów…

Jak wyciągnął mój język, to poczułam, jak moja głowa mimowolnie poleciała do przodu, a on tak jakby podniósł mnie prawie za mój język do góry. Tak gardło jakby się dusiło, nie mogłam odetchnąć, i poczułam tak jakby ktoś chciał mnie powiesić.

Wersalka była nakryta taką zieloną kapą z wzorkami. To było w kształcie takich kwadratów z półkolami na każdym rogu. Trochę to wyglądało jak wejście do zamku, z taką wydzierganą czarną nitką. W niektórych miejscach były kolory: pomarańczowy, niebieski i ciemny zielony. Ona była z takiego śliskiego materiału, ze śliskiej nitki zrobiona. Była stara, z takimi pupami wklęśniętymi.

On był naprzeciwko okna i była wersalka i potem gdzieś tam są drzwi. Ja zawsze potem miałam skłonność siadać tak, żeby widzieć drzwi, żebym mogła uciec. Te drzwi to dla mnie zawsze było wyjście. Właśnie okno mogłam mieć z tyłu, bo dla mnie nie chodzi o okno, tam w ogóle było słonecznie. Tam były te okna, ja w ogóle zawsze lubiłam, ja zawsze siadałam w słońcu na podłodze. Bo lubiłam dotykać dywanu i mieć słońce na dłoni, bawiłam się tym. Dla mnie takie trochę tam było ciepło, ale też jaskrawo. To było dla mnie jakby jakieś jedyne wyjście z tego mrocznego klimatu, w którym byłam, jako coś co jest jakimś światłem, czy dobrem jakimkolwiek.

U nas było bardzo biednie, nie miałam ręczników w kropki, tak jak bogacze. Miałam misia z plastiku wielkości ok. 30 cm. On miał takie oczy, że tam w środku, jakby go przekręcić w bok albo do góry nogami, to w tym oku takie czarne kółko się przesuwało po białym plastiku i dotykało do krawędzią ścianki. Lubiłam czuć, że przesuwa się do ścianki i dalej zmienia miejsce pod wpływem przekręcania w różne strony. I ja sobie często tego misia w różne strony przekręcałam i patrzyłam, jak pod szybką to czarne kółeczko sobie się przesuwa w tą i z powrotem. Lubiłam to, uspokajało mnie to też.

Płakałam cicho i myłam dalej buzię w środku tak, jak potrafiłam. Wytarłam twarz w ręcznik i wróciłam do pokoju. Wzięłam blok i kredki, i wyszłam do małego pokoju. Skończyłam rysować, co nie sprawiało mi już dalej żadnej radości, i odłożyłam blok i rysunek na bok. Wieczorem mama znalazła ten rysunek i zaniosła pokazać go tacie.

„Zawołaj mi ją tutaj!" krzyknął. Mama przyszła po mnie, szykowałam wtedy z przybranym rodzeństwem kolację. „Choć, tato cię woła" i pociągnęła mnie za rękę. Bałam się. „Co ja znowu zrobiłam?" - przeszło mi przez myśl. Weszłam do pokoju cała w lęku, nie wiedziałam czego się spodziewać, a mogło się wydarzyć wszystko...

- Czy to Ty narysowałaś? - rzucił zdenerwowany trzymając rysunek w dłoni.

- Tak - odparłam cicho.

- Nie słyszę! Czy to ty namalowałaś ten rysunek? – jego krzyk mieszał się z sykiem.

- Tak to ja – wykrztusiłam cicho drżącym głosem.

- Nie wierzę, Ty mała kurwo - podbiegł do mnie, chwycił za bluzkę z przodu i przycisnął do ściany - Ty będziesz mnie okłamywać? To nie ty go namalowałaś. Przekalkowałaś to przykładając do szyby, to jest takie same.

- Nie, ja sama namalowałam.

Puścił mnie i rzucił mi blok pod nogi, potem kredki, jakby chciała rzucić we mnie. Stałam skulona ze spuszczoną głową.

- Rysuj jeszcze raz, jak nie narysujesz tak samo, to tak cię zbiję za kłamstwo, że się nie pozbierasz - zawołał.

Zaczęłam płakać, bałam się. Pomyślałam, że namaluję jeszcze raz i pokażę mu. Tak się go bałam, bałam się kary i bałam się ze mnie zbije, mimo że nie byłam winna. Bałam się jego gróźb i tego, że on na pewno to zrobi, albo mnie zabije, jak mówił mi wiele razy.

Usiadłam, płakałam i malowałam. Staram się nie wystawiać języka. Trochę schowałam twarz, długie włosy ją kryły, by nie widział, gdybym znów niechcąco wystawiła język. Byłam jak zamrożona, czułam jego wzrok i bycie obserwowaną. Tak dobrze to znałam... i to, że jak mi się nie uda tak samo namalować, to spotka mnie kara. W międzyczasie wciąż obserwował, czułam jak obserwuje każdy mój ruch, każdą linię, każdy rys, czułam to na plecach, cała napięta.

Kiedy skończyłam, podeszłam i bez słowa położyłam na ławę obok, gdzie siedział. Wziął go ostentacyjnie do rąk i popatrzył na mnie. Popatrzył na rysunek, znów na mnie i znów na rysunek. Wreszcie rzucił go w kąt wersalki, gdzie siedział, i wściekły z zazdrości, że ktoś jest od niego lepszy, wrzasnął: „Jestem głodny Olga" i wyszedł z pokoju. Drżałam cała od tego krzyku. Stałam nadal bez słowa. Tylko drżałam. Sama.

Mama pokazała mu ten rysunek, żeby znowu jakoś się przypodobać, czy żeby mu się jakoś lepiej zrobiło na duszy.

Ja byłam w tym domu właśnie do używania. Czułam to, że mają mnie, że jakbym się urodziła, żeby dać im jakąś ulgę. Dlaczego? Co im dawało to pastwienie się nade mną? Czy im było wtedy dobrze? Nawet tym rysunkiem mnie użyli do sprawienia sobie ulgi w nienawiści i złości…

Ja nie chciałam być do używania. Ja chciałam lepszego domu, bo mnie wykorzystują, ale widziałam, że im się dobrze robiło, że jakby spuszczali na mnie wszystko to, czego w sobie nienawidzili. Dla komfortu użyć mnie, jakbym była ich przechodnim przedmiotem ulgi. I też posługiwała się mną, moim rysunkiem, czy czymś innym w taki sposób, że potem ja znowu dostanę i będzie jej łatwiej żyć dlatego, że skierowała uwagę na mnie.

Ja wiem, że byłam używana w tym domu, i wiem, że nawet jak ten rysunek zaniosła, to potem, jak zwykle, źle się dla mnie skończyło. Ona, podobnie jak i on, kiedy mi było źle, jak był koszmar u mnie, to oni mogli się rozluźnić, schodziło im napięcie. Jakby oni razem potrzebowali i chcieli mi to robić, na przemian.

Tato wracał z więzienia czy z izby wytrzeźwień upokorzony. Wtedy pastwił się w tym upokorzeniu na mnie, tak by sobie ulżyć.

~

Siedziałam przy stole, miałam może cztery lata i jadłam i miałam tak napełnioną buzię. On wtedy chwycił mi twarz palcami, tak z dwóch stron, tak jakby z przodu, od dołu, z całej siły tak. Jego kciuk był na jednym moim policzku, a reszta palców na drugim. Wtedy z całej siły przycisnął, tak jakby ściskał balonik, i wszystko, co miałam w buzi, wyleciało pod wpływem nacisku i ciśnienia na stół. On wtedy zarżał głośno i donośnie, on tak wtedy rechotał – „Ha, ha, ha…".

To trwało tak długo. Rechotał tak jakby z własnego żartu, a ja byłam, ja się czułam tak mała, tak upodlona. W ogóle tak mnie bolało, jak ściągnięcie mi twarzy z czaszki wraz z tym jedzeniem. Policzki mnie tak mocno bolały po, bo on mi wcisnął aż tam w szczękę. Ja właściwie byłam najbardziej skupiona na tym, że miałam straszny ból w miejscach nacisku, jakby tak piszczało z bólu i piekło w tym samym czasie.

Ja jadłam za dwóch, tak o mnie mówili, a ja robiłam to tylko po to, by nie dawać powodu do złości. Raz wpakowałam do buzi całą kanapkę, że ledwie dałam radę jeść. Nagle tato zaczął się śmiać - „ha, ha, ha" - gromkim obrzydliwym roznoszącym się po całym domu szyderczym śmiechem. I zaraz nacisnął moją buzię w policzki swoimi palcami, tak że ustami wyszło jedzenie. „Ha, ha, ha." - śmiał się dalej obrzydliwie.

Zaczęłam płakać, czułam się tak upokorzona. Nie wiedziałam, co mam dalej robić. Połknęłam resztę, która mi została, i płakałam, a raczej cicho łkałam. Bolała mnie cala twarz od tego ścisku. Wiedziałam, że muszę płakać cicho, by go nie rozzłościć. Mama posprzątała ze stołu, a ja wstałam i poszłam do siebie do pokoju. Położyłam się na tapczanopółce.

~

Nie chciałam być w tym domu, tak bardzo nie chciałam… i nie miałam gdzie pójść. Została mi jedynie wymyślona rodzina… Mama mówiła, że mnie nie kocha, tato mówił, że nie jestem jego córką i mnie nienawidzi. I tylko patrzyłam, kiedy już im jest źle. To oznaczało, że przyjdzie napięcie. Jak już zjadł, to już nie wiadomo było, co się znowu będzie działo. A jak tylko napięcie narastało, kiedy tato był na kacu, to wiedziałam, że znów mnie użyją. I znowu komuś zejdzie napięcie, i że im będzie teraz lepiej przez jakiś czas.

Tak było ze wszystkimi ludźmi. Tak jakby od początku było, żeby im, czy ciotkom, czy w szkole, żeby im wszystkim zeszło to napięcie, i żeby im było lepiej. Tam jest ich złość i nienawiść, i oni cali napięci od tego. A ja napięta od tego, że się ciągle boję, co oni teraz zrobią, co zrobi tato, co zrobi mama.

Później, jak ja na nich patrzę, to widzę, że sprawiłam im tym ulgę. Ale potem widzę, że to jest tylko chwilowe, aż będzie kolejny dzień i kolejna sytuacja. Tak, jakby oni wstawali rano, żeby mnie użyć, a ja nie mam gdzie pójść, i takie w głowie mi zdanie ciągle chodzi: „dokąd pójdę, gdzie ja się podzieję?".

Dla nich to jest takie tylko na chwilę, a mnie całą biją i niszczą, i tak dzień w dzień. Ja już jestem przyzwyczajona, że to tak jakby mój los, że oni mnie użyją. Tak jakby oni lubili tą przemoc, nie wiem dlaczego. I tak w kółko: mama, tato, ja, straszenie mnie i znęcanie się nade mną, a potem dają mi jedzenie, właściwie wciskają lub wyciskają. Jakby oni nic nie czuli, tak jakbym ja była im potrzebna tylko do tego… i to zdanie taty: „urodziłaś się tylko do jednego, ty kurwo".

I jak już było po wszystkim, to jakby Elizie się nic nie stało: „idziemy dalej" „ale w ogóle o co ci znowu chodzi", „czego ona znowu chce". A on tu jest głodny i ma swoje potrzeby, i on sobie dalej żyje, i żebym ja sobie dalej żyła. Mimo że właśnie przed chwilą znęcał się nade mną, albo bił, albo straszył, że mnie zabije. I byłam w zastraszeniu przez cały ten czas, ciągle sama. I jak widziałam, to oni jakoś swoim życiem dalej żyli. A do mnie mówili, czy to płakałam, czy to siedziałam i myślałam, czy cokolwiek w tym domu robiłam, że to dalej ze mną jest coś nie tak. I żadne nie chciało się przyznać do mojego bólu. Jakby tato po prostu szedł sobie dalej i żył w swoim życiu, w ogóle nie patrząc, co mi zrobił.

Najpierw zazdrościł mi, że maluję, potem chciał mnie za to zabić … Taką wściekłość miał w sobie…i że on mi pokaże, i że on wygra. Ale i z mamą tak samo było, ona też mi pokaże, pokaże, a jak mi już pokaże, to ja popamiętam… I że będzie po jej myśli, albo po jego myśli. Tak jakby jakiś rodzaj zabawy w tym mieli, każde inaczej. Tak jakby szukali mnie jako środka do wyżycia się. I tak było z tym rysunkiem, a skończyło się koszmarem dla mnie. On jakby nie chciał uznać, że sama rysuję…i że to ja sama i na tyle lat, ile mam. Tak jakby ktoś nie mógł być od niego lepszy. Tak też było z mamą, gdy bawiła się ze mną w tą straszną zabawę: „a ja Ciebie nie lubię, a ja Ciebie nie kocham".

Znalazłam w pokoju u sąsiadów moich rodziców encyklopedię. Miałam cztery lata i śledziłam w niej jakby kody, czym się różnią słowa. Wyszukiwałam palcem wyrywkowo i tam, gdzie stanął palec, paznokciem wbiłam się pomiędzy kartki.

Często bawiłam się klockami, lalkami, bądź tworzyłam z nimi dom. Miałam też sakiewkę starych monet, to sobie je przekładałam z sakiewki na dywan, albo np. sprawdzałam, jaki jest rocznik monety, albo układałam sobie. To było związane właśnie z liczeniem, żebym była w swoim świecie, i to mnie uspokajało.

Klocki też były dla mnie kojące. Dlatego, że one wszystkie były takie same i można było z nich różne układy tworzyć. Za każdym razem inny dom mogłam zbudować, za każdym razem inaczej, bardzo często budowałam dom z wieloma pokojami. I wyobrażałam sobie, że to jest mój nowy dom, za każdym razem, jak go budowałam, i że mieszkam w nowym domu. Tak jakby to wyobrażanie sobie mieszkania w takim moim wymyślonym spędzaniu czasu powodowało, że byłam w nowym domu.

A zabawa starymi monetami… one były takie stare, jeszcze sprzed wojny jakiejś tam. I jak ja się nimi bawiłam, to zawsze wyobrażałam sobie, że ta sakiewka, którą ja mam, to ona jest na samym końcu tej tęczy. Jak w bajce, o której tak marzyłam, że czasem na końcu tęczy jest nowy, lepszy świat.

To była sakiewka z materiału, a później takie pudełko znalazłam. Taka stara sakiewka to chyba była ze starej torby ze wzorkiem. Wydawało mi się, że to jest z jakichś innych czasów, czy średniowiecza. Tak sobie wyobrażałam, jak czytałam książki jakieś lub historie z dawnych czasów. I że ja tak jakby jestem kimś z innych czasów, tak sobie wyobrażałam.

Jak była kolacja, to tam trzeba było wszystko nosić, wszystko rozstawiać. Bo to było podawane, a mama to w słoikach, w garnku i w misce to podawała też. I to się stawiało na stół, więc wszystko było na stole rozłożone też.

On często jadł jedzenie w samotności, Właśnie ryby, czy smalec, czy skwarki, to on lubił, i wtedy ja razem z nim jadłam skwarki. Ja lubiłam z nim jeść to, co on jadł. Jakoś miałam z nim w tym komitywę.

To było tak, że mama wołała i po prostu trzeba było przyjść i razem siadać i jeść. Czy chciałaś jeść, czy nie chciałaś, trzeba było siadać i jeść.

Myślę, że to moja mama miała z domu swojego, że tam na wsi przy dużym stole wszyscy siadali. Wszystko tam w tym samym czasie było porozkładane, tak jak u ciotek, gdy do nich jechałam. U nich trzeba było przymusowo myć ręce. Wszystkie z moja mamą, jak leci, gotowały gary jedzenia. Nawet jak nie dało się tego zjeść, to trzeba było zjeść do końca, do pustego talerza… bo Bogu się nie spodoba, bo marnotrawstwo…

Kiedy tak wszystko zostało rozłożone na tym stole, to wszyscy siadali i jedli. Tak jest w polskich domach na wsi. Nas było sześć osób, bo czasem bez taty. Mama też bardzo często nie siadała, tylko stała, gotowała, coś przy piecyku robiła. Mimo że był stół i było sześć krzeseł, to mama praktycznie zawsze stała przy garach, a ja i reszta jedliśmy. Ona tak jakby donosiła lub stała i jadła przykładowo z garnka łyżką. Potem tą łyżką mnie biła od tyłu po głowie znienacka z całej siły, albo tato ją bił za oblizywanie łyżki, za to, że z tej samej je i tą samą miesza.

Jedliśmy kolację, a ja zajadałam śledzie z jajecznicą, jego ulubione danie. Tato siedział po mojej lewej stronie, mama stała przy piecyku, Tosia siedziała naprzeciw taty i nie chciała jeść, mimo że jak o niej mówiła mama, już i tak jest gruba.

„Jedz, masz jeść!" – nagle krzyknął tato. Ale jak tak znienacka wykrzyknął, jakby prosto w ucho, to już nie uciekam, ja nie wiem, co się dzieje. Kilkukrotnie zdarzyło mu się wycisnąć mi to jedzenie, potem już tylko łkałam, ale połykałam szybko, by nie zdążył wycisnąć. I on słoninę smażył, w ogóle bardzo lubił słoninę. I smalec. Chleb ze smalcem i słoninę, skwarki uwielbiał. I wszędzie widzę jego palce – one są takie duże.

Jak siedziałam tam przy stole i jadłam, to byłam ciągle zdenerwowana, i wtedy tak dużo wkładałam do buzi. Ja się bałam w ogóle jeść przy nich, bo albo jej łyżka, albo jego palce. Ja byłam cały czas spięta. No i już byłam wtedy starsza, jak on mnie ciągnął za język.

To było w tej poprzedniej kamienicy, tej niższej, na parterze. Tato podszedł, zobaczył mój rysunek i wrzasnął mi w twarz przeraźliwie głośno:

- Przekalkowałaś to ty mała kurwo.

Ja w lęku pokręciłam głową - „Nie, narysowałam to."

- Przekalkowałaś na szybie! I teraz usiądę tu, bo kłamiesz, i jak nie narysujesz tego tak samom jak narysowałaś, to cię zabiję! - wrzeszczał. I narysowałam tak samo jak chciał. Zobaczył, uderzył mnie po głowie odwróconą ręką, jak wajchą, i wyszedł do kuchni.

Miałam jakieś trzy lata. Na rysunku było dużo elementów, była ludzka twarz, dwoje ludzi. Z kuchni krzyknął – „Dziecko nie jest w stanie narysować takiego rysunku. Nie wierzę!" - kładąc nagle kartkę papieru przed moją twarzą.

„Jak jeszcze raz nie narysujesz takiego samego rysunku bez przekalkowywania, to będę Cię tak bić, aż zabiję!"

Poczułam się jak w pułapce, taki całkowity koniec. Byłam napięta i czułam jego wzrok. Ostatnio właśnie rysowałam ludzkie ciała. Siedziałam na takim niskim taboreciku i rysowałam przy takim małym stoliczku. On nade mną stał taki ogromny, tak jakby zwisał nade mną, taki duży, i tak przycieniał mnie.

Wystraszona zaczęłam rysować ludzkie ciało, kreska po kresce, z lęku nie podniosłam głowy ani razu. On z uniesioną pięścią i wyczekuje w napięciu. Ja czekam w lęku, że mnie zabije, i rysuję. Bo wiem, że jak nie narysuję, to mnie zabije, i to wszystko trwa cały ten czas, kiedy rysuję.

Czuję, że jakby nie mogę już z siebie, że muszę z przymusu przerysować. Czuję, że on zmusza mnie do tego kopiowania, inaczej mnie zabije. Pod takim przymusem kopiuję samą siebie, bo inaczej mnie zabije.

Rysuję twarz, i kiedy przychodzi do rysowania nosa, zaczynam czuć coraz większe napięcie i jakby niemoc. Już to rysowanie nie sprawia mi przyjemności, jak ten pierwszy rysunek. Teraz jest inaczej. A jak rysuję nos, to czuję, że jakby nie mogę znaleźć pozycji dla nosa. Zatrzymuję się, oczy i usta już narysowałam, i odległość ta sama w ustach do końca brody bądź oczu, jakby takie kółko twarzy.

Nos też skończyłam, ale z trudem, czując że ledwie znalazło się dla niego miejsce w ogóle. Widzę w czasie rysowania, że on jest albo za mały, albo za wysoko, albo za krzywo ustawiony. Tak jakby jest to element, który jakoś nie bardzo można dopasować do całości obrazu.

Mama jest w kuchni, nie reaguje. Nigdy nie reaguje, jak tato mnie bije czy coś mi robi. Stoi przy garach. Czuję, że ona tylko zerka, ale tak jakby przygląda się. Patrzy i jest jakaś taka, że to dobrze, że tak się dzieje, to co on robi mi, i że mi, że nie robi tego jej.

Ona stoi tam i się boi, bo jak ona by cokolwiek powiedziała, to on by się na nią rzucił. Ona jest tak jakby trochę jak taki pobity pies, ale jest też taką obserwatorką tego, co on mi robi. Bo to wszystko się dzieje jeszcze przed rozwodem, to jest ta poprzednia mama, ta pobita jeszcze. To był też ostatni raz, kiedy mimo że w napięciu, to jeszcze rysowałam od siebie.

W kamienicy na trzecim piętrze jest inaczej. Tam jak siedzę, to na podłodze zawsze, i to tam, gdzie słońce wlatuje przez szyby i pada na miejsce na dywanie. Tam, gdzie wlatywało słońce, tam siadałam na podłodze żeby rysować, albo przygotowywałam sobie skrupulatnie miejsce i wtedy kładłam kartkę dokładnie w miejscu padania promieni słonecznych.

Rysuję i nagle czuję ból. Piekący. Chwycił mnie za język. „Schowaj go ty mała kurwo!" – krzyknął - „Bo ci go wyrwę!".

To było tak szybko. Prawie mnie podniósł wyciągając go. Jakby tak do góry wraz z tym szybkim ciągnięciem za język, tak jakby mnie prawie powiesił. To było dni i miesiące po tym, co mi wcześniej zrobił, więc to już w napięciu z lęku. I jak rysowałam, to mogłam zniknąć i być już jakby nie w tym domu. Krzyknął jeszcze raz – „Nie pokazuj języka, ty kurwo!".

Nagle wybiegł do kuchni i zniknął. Byłam jak sparaliżowana, przestalam rysować.

Przybiegł. „Daj to, kurwo!" – wrzasnął, rzucił się i wcisnął mi palce do buzi. Czułam, że zwymiotuję. Zaczęłam się krztusić. I poczułam pieprz. Dużo pieprzu, dalej krztusiłam się, kaszlałam. Nasypał mi pieprzu, żebym nie wystawiała języka.

Czułam się ciągle pod jego obstrzałem, jakbym była jego własnością, i że mógł zrobić ze mną, co chciał i kiedy tylko chciał. On był taki podniecony w tym, krzyknął - „Bo cię za niego powieszę!"

Pobiegłam do łazienki. To był ostatni raz, kiedy wyciągnęłam język.

Jak rysowałam żółtą kredką, to rozcierałam ją kciukami. Ona była taka woskowa i widziałam, że można zmieniać tonację i można zeskrobywać.

Jak on pociągnął mnie za język i podbiegł... To było jakby jakaś czarna kula naleciała na mnie z całą siłą i pchnęła do przodu. Tak jakbym poleciała do przodu całą moją twarzą, wyciągnięta przez całą moją siłę... Tak, że poczułam taki piszczący ból od środka. Jak gdyby ktoś mnie wyciągał od środka na zewnątrz.

Ja jestem skupiona na rysowaniu. Jestem zamknięta w swoim świecie, żeby mnie nikt nie widział, nie słyszał, żeby mi nic nie zrobił. Cichutko sobie siedzę, żeby nikomu nie przeszkadzać. Siedzę na podłodze, kartka jest biała, kartka leży, jest na podłodze, wokół mnie są rozłożone kredki. Ja po prostu jestem sobie w swoim świecie.

Po tym dniu przestalam rysować na długo. Przez wiele, wiele lat czułam zahamowanie, jakbym już nie mogła, jakby mi ktoś groził. Następnym razem namalowałam coś dopiero, jak miałam 19 lat. To był raj na ziemi, na podstawie obrazka, namalowałam go na ścianie..

~

Siedzę i jem zupę, i nagle ktoś z tyłu, po prostu z całej siły, uderza mnie metalową łyżką... To tak jakby ktoś kawałkiem deski w plecy, ni stąd ni z owąd...

W tym domu było tak ciągle i nigdy nie wiadomo było, kiedy to się wydarzy. Nawet jak moja mama bije mnie łyżką, to jest ni stąd ni z owąd. Ja nawet nie widzę jej ręki, tylko czuję odbicie kości w środku. To jak takie bombowe, nie wiem gdzie się to zacznie, kiedy miejsce tego będzie. Tego początku jakby nigdy nie ma, taki jest szybki, tak jakby było coś bez początku.

I jak ta łyżka metalowa się odbija... i mama taką nienawiścią zieje.. taki jak oddźwięk w środku, jak obuch w rzeźni u wujka, jak metalowa patelnia na mojej głowie... Wiedziałam jak czuć metalową łyżkę odbitą jak metal o metal... huk... echo... jakby w uszach tak metalowo było i pulsowało w obydwu w tym samym czasie...

To jak ocknięcie, nie ma bólu, ból jest później, gdy odchodzę od stołu. Jak siedzę w pokoju sama, wtedy cala głowa mnie boli i taka kulka jest na głowie na górze.

I jeszcze jakby trochę lepiej widzę, wyraziściej, zaraz po uderzeniu łyżką. Taki jakby sygnał, i nagle pum.

Ja nigdy nie wiem, gdzie jest moja siostra. Tylko jest uciekanie. Sygnał i uciekanie. I nie ma na nic czasu wtedy, tylko to uciekanie.

Jego jakby to podniecało, że ja rysuję i wystawiam język. I on jakby nie wiedział, co z tym zrobić, tylko pociągnąć i rżeć. I jak wracał do domu, to tak samo. Tak samo jak wracał do domu, zobaczył mamę i bił, jakby nie wiedział, co ze sobą zrobić, i mnie też bił.

Jak malowałam i tato był w domu na kacu, to jakby go to znęcanie się nade mną rozbawiało. Jakby to było takie śmieszne, że chciało mu się to powtarzać. Potem się przez to rozluźniał, na tym kacu. Tu jedzenie, tu wcisnąć, tu się pośmiać, tu wycisnąć. Tak jakby tu wpierdolić, tam wpierdolić, fajno jest, i to rżenie… Tato na kacu jest taki drażliwy. On wtedy, jak był na kacu, to on mojej mamie właśnie nic nie robił, on się mną tylko interesował.

Raz właśnie wtedy też mnie złapał, on po prostu pobiegł szybko do pokoju i złapał mnie. I tak samo, on cały czas znajdował w tym ulgę tak, że on musi mnie aż rozebrać. I on daje na to tyle czasu, czeka, długo czeka. A potem rży obrzydliwie, że czuję ból w uszach.

Dla mnie to są wieki jak zdejmuje mi majtki, albo jak naciska twarz i rży. Tam są wieki, jak ta szara pięciolinia… Gołą ręką po gołym pośladku… Gołą ręką po mojej buzi…Bo to jest ta forma widowiska, „namaszczenia" prawie, jak słyszałam to słowo w kościele później. Tak żeby inni patrzyli. I on rży i oni rżą. A mi piszczy…

Jakby nie chciał odpuścić Elizie, która go chciała i nie chciała. I ja byłam tą jego Elizą, jego byłą dziewczyną, która go podnieca. On był na kacu i był drażliwy, pewnie jakaś energia seksualna go rozpierała. A ja nie wiem, cokolwiek robiłam, czy podczas malowania bezwiednie wystawiałam język, czy ruszałam buzią podczas jedzenia, czy tańczyłam… to wywoływałam w nim podniecenie. On zaś po prostu nie wytrzymywał tego i jakby od razu wyrabiał różne rzeczy ze mną. I tak jakby, że on wygrał… że teraz jest ubaw i on się może kolejny raz zrelaksować.

Piekarnik z gazem… To był wieczór, była lampka na su cie taka jasnopomarańczowa i jej światło, które padało na ciemną część pokoju. Na stole była cerata, taka zielonkawa. Na podłodze były kafelki z gumoleum, wycięte w kwadraty, takie jak w szkole. I w jednym miejscu był też trójkąt, wyglądał tak jakby wygryziony zębami, i widać było pod spodem wylany cement.

Siedziałam naprzeciwko ściany. Tato siedział po mojej prawej stronie, bliżej okna. Tosia siedziała po mojej lewej stronie, bliżej drzwi. Mama była za plecami i robiła coś przy piecyku. Pamiętam to miejsce, bo na tym miejscu często siedziałam i tam tylko zmieniała się sytuacja. Czasem byli inni ludzie, ale tam było moje miejsce.

W czasach, kiedy już taty nie było, to siedziałam wtedy w miejscu przy drzwiach, tam gdzie wcześniej Julek. Ale jak jeszcze tato był, to siedziałam zawsze tam blisko drzwi... Ja musiałam siedzieć tam, gdzie było blisko do drzwi.

Nie mogłam siedzieć tam, gdzie Julek, bo to było tak, że on siedział plecami do drzwi. Kiedy ja siedziałam tak, że lewym okiem mogłam widzieć drzwi, a po prawej stronie siedział tato, to z lewej strony mogłam uciec. To było jedyne miejsce, gdzie mogłam uciec. Dlatego było to dla mnie najlepsze miejsce i tam siedziałam, mimo że tyłem do mamy. Choć byłam napięta, bo nie wiedziałam, co też ona zrobi.

Mojemu przybranemu rodzeństwu w ogóle tego nie robił. Ich jakby tam nie ma. I ta pięciolinia w tym, i szare paski ciągnące się w powolnym tempie.

Mama była upodlona i nienawidziła. Nienawidziła i jak nienawidziła była jak martwa, szara kartka. I on ją nękał, i mnie też. On mnie nękał tak zycznie, z tymi powolnymi układami: dłoń, język, wnętrze dłoni, plaskacz, bum. On jakby tak coś pod nosem do siebie mówił na kacu ciągle: „Kurwa, te kurwy jebane, ja was wszystkie pozabijam".

Wiec jak był na kacu, to on miał dużo pomysłów i robił to w bardzo pomysłowy sposób. Byłam w pokoju na podłodze, układałam z klocków domek. Takie cienkie czerwone i bordowe, i żółte takie, coś pomiędzy sraczkowatym a brudnym żółtym. Mięknie w dłoni jak ściskałam ścianki wewnętrzne klocka. Najlepsze w docisku były te najdłuższe cztery razy cztery i po dwa rzędy wypustek... Nagle złapał mamę i zaczął ciągnąć ją do kuchni. „Antek, nie, zostaw, zostaw" - mama jakby syczała zgięta w pół.

„Ty kurwo jebana, choć tu Ty kurwo jebana" i przycisnął ją do palnika… i zobaczyłam ogień i zobaczyłam jak się palą jej włosy. Tam koło kurków. Śmierdziało w całym domu. Zrobiło mi się ciężko i jakby zaczęło się kręcić w pokoju. Tak jakbym była na karuzeli, cały pokój i ściany się kręciły…

0. WNĘTRZE

TRZĘSŁAM SIĘ. Stałam tam i patrzyłam. Na to okno. Właściwie jak patrzyłam na ten budynek, widziałam tylko okno, i tylko okno. Mamo, mamo czy ja mogę iść? Mamo, mamo, gdzie jesteś? Mamo, mamo, wpuść mnie.

Trzęsłam się tak mocno. Nawet nie wiem, czy czułam zimno. Czasem czułam zimno, czasem nic nie czułam. Jedno było najważniejsze - to okno. Stałam i patrzyłam i czekałam. Patrzyłam na każdy ruch szyby. Tam był taki jakby odblask, jak się okno poruszyło. Czy już otworzy, czy już otworzy i zawoła, czy da znak: „Tak, możecie wejść, już go nie ma".

Stałam i trzęsłam się. Cała drżałam. Nawet nie czułam stóp, mimo że byłam boso. Było poniżej trzydziestu stopni mrozu.

Mamo, chcę do domu. Mamo... chcę do domu. Przeszłam na drugą stronę kamienicy, pobiegłam. Z drugiej strony był nasz balkon. Patrzyłam się na trzecie piętro i balkon. Tam najczęściej nic nie było widać, ale czasem sprawdzałam.

Mamo, zaczyna mi być zimno i jestem głodna, chcę do domu. Obserwowałam i czekałam. Zaczęłam biec, wbiegłam szybko do klatki. Poczułam ciepły powiew z kaloryferów. Moje stopy stanęły. Przestałam drżeć. Moje serce tak biło, pum, pum, pum. Właściwie zaczęło kręcić mi się w głowie od tego gorąca. Jakby nie można było wziąć powietrza. Aż się krztusiłam. Wiedziałam, że muszę być cicho, żeby nikt nie usłyszał.

Tam było tak zimno, a tu było tak parno. Ręce miałam prawie odmarznięte. Miałam flanelową piżamę. Wiedziałam już co to flanela, bo interesowałam się tkaninami. Tym razem byłam bez kapci. Nigdy nie mogłam przewidzieć, w jaki sposób będę musiała uciekać. Dlatego czasem byłam w kapciach, czasem w butach, a czasem boso, bez skarpet. Jak było mi tak zimno w stopy, to już nawet przestawałam czuć palce. Wiedziałam, że jak w końcu będę w domu, to będą mnie bolały cale stopy, jak już się schowam pod kołdrą.

Nagle usłyszałam drzwi, jakby ktoś je otwierał. I znów to pytanie w głowie: „czy ja mogę tam już wejść?".

Wybiegłam z klatki. Podbiegłam i znowu patrzyłam na okno. Trzecie piętro, duże kuchenne okno, dwie szyby: jedna wąska, drga szeroka. Przy szerokiej była klamka. Patrzyłam bardzo uważnie, czy klamka zaczyna się ruszać. Mogłam przecież nie widzieć czy ktoś... Przecież tam było ciemno, nie było światła, były zgaszone.

Nie wiem, która była godzina. Nasłuchiwałam. Śnieg, zimny śnieg. Tam była latarnia. Światełkami lśniło na śniegu. Wybiegłam i zobaczyłam jak płatki śniegu lśniły - takie malutkie, jak koraliki, błyszczące.

Pić mi się chciało, wzięłam śnieg, trochę zjadłam. Wzięłam ze sobą i wbiegłam jeszcze raz do bramy. Takie szare schody. Raz, dwa, trzy, cztery, pięć, sześć, siedem... siedem razy trzeba było przebiec po nich... raz dwa, trzy, cztery, pięć, sześć, siedem, osiem, dziewięć, dziesięć, jedenaście, dwanaście.

Trzymałam się... takiej drewnianej poręczy. Twarde drewno. Sprawdzałam, czy jak ścisnę, to nie upadnę gdy będę wchodziła po schodach. Teraz było za zimno, nawet nie chciałam z niej zjechać.

Jeszcze raz pobiegnę, może już teraz? Wybiegłam znowu. Stanęłam przed kamienicą i stałam tak, żeby mnie nie widzieli. I zobaczyłam klamkę, jak rusza się, ktoś otwiera okno, wychyliła się. Już chyba mogę wejść...

Boli mnie brzuch.

Chce mi się płakać.

To jedyne miejsce, gdzie mogę wrócić. Mimo że najgorsze miejsce na ziemi.

W czasie każdego wchodzenia po schodach czułam, jak tracę

siły. To było takie ciężkie. Moje nogi były też takie ciężkie. Przysiadałam na schodku. To było tak trudne wdrapać się na tyle schodów. Zaczynało mi się chcieć spać.

Bałam się tych drzwi. Drzwi, za którymi działy się takie rzeczy i nikt o tym nie wiedział. Była metalowa, szara klamka, właściwie srebrnego koloru. Białe drzwi. Czasem była na nich krew. Czasem były uchylone. Czasem zamknięte. Czasem była tylko klamka, bo mama powyciągała zamki, żeby nie mógł nas zamknąć od środka. Można było wtedy zajrzeć przez dziurkę po zamku. A czasem były pocięte siekierą.

Tak też było gdy wracałam po szkole. Czy on będzie w domu? Po południu, o 15-tej. Stałam i patrzyłam z każdej strony. W dzień chyba było łatwiej, jaśniej, choć nie wiem, czy więcej widziałam. Tylko okno się liczyło.

W dzień częściej patrzyłam z drugiej strony, tam od strony drzwi balkonu, czy może ktoś przez nie wychodził... Biegłam na podwórze i tam patrzyłam. Czy może to małe okno było uchylone? Jaka jest oznaka, że on tam jest, czy go tam nie ma? To było takie nieprzewidywalne - czy on tam jest? Czy mama już wróciła?

Nie miałam gdzie pójść. Tak się bałam tam wejść. Jak nie wejdę, to gdzie ja się podzieję? Biegłam z drugiej strony i patrzyłam z przodu na okno kuchenne i znowu obserwowałam budynek z każdej strony. Biegałam to tu, to tam.

Zawsze jak przechodziłam przez bramę, to sprawdzałam, czy od strony piwnicy nikt nie stoi. Tam na dole, czy się ktoś nie czai albo nie stoi i nie pokazuje siurka. Albo może czy to mój tato tam nie stoi. Moja obserwacja budynku, kamienicy, z każdej strony i moich okien, mieszkania. Tak jakby nic więcej nie istniało. Tylko ten jeden obraz w różnych układach. Mieszkanie, gdzie odgrywał się największy terror mojego życia. Szukanie choćby małego znaku, czy przeżyję tym razem.

Moja nieuwaga i nieopatrzność, niezauważenie otwartych okien albo zamkniętych, oznaczały, że on tam mógł być. Mama *zawsze otwierała małe okno uchylne i wtedy wiedziałam, że ona tam będzie i że mogę wrócić.*

Czasem patrzyłam, czy może firanka w środku się nie rusza, bo wtedy on jest. Jak tak patrzyłam, to mogła być też mama, która zaglądała, czy może taty nie ma.

Ja tam stałam i znowu drżałam, i znowu się trzęsłam. Prawie dzień w dzień, tydzień w tydzień, rok w rok. Obserwowałam okno mieszkania tam, gdzie mieszkałam i gdzie oni mieszkali. Tak jakby wszystko, wszystko zależało od tego, jak wykalkuluję: czy ktoś tam jest, czy nie? Jakby ważyły się wszystkie losy: gdzie ja się podzieję, dokąd pójdę? To pytanie zadawałam sobie całe dzieciństwo. Powtarzałam je za mamą jak echo.

Usiadłam pod drzewem, tam gdzie zakopywałam metalowe pudełko na zaczepkę. W nim chowałam moje listy. Nie miałam do kogo pisać, więc pisałam do misia… był to twardy chropowaty pomarańczowy miś. Ten, który miał takie duże ruchome oczy. Był często zimny. I miał tylko jedną tylko minę na twarzy, jakby był po jakimś szoku, tak ciągle wystraszony… Pasowało mi to o tyle, że tak jakbym trochę pisała do siebie…

Cześć Eliza,

U mnie w miarę dobrze. Rodzice znów się kłócą. Tato pije, bije mamę i mnie. Nie wiem, czemu on mnie tak nienawidzi. Jak mi ciężko żyć. Płaczę każdej nocy. Wszystko trzeba w domu robić szybko. Muszę robić w domu wszystko dobrze, żeby oni nie byli na mnie źli. Tato bije tak mocno. Jest mi tak źle. Nie mam już sił.

Mam nowy czerwony płaszczyk i małego pieska – „Zytę". Taki żółty, mięciutki. Mam się do kogo przytulić. Bo jak wiesz, nie chcę by mnie ktoś dotykał. Nienawidzę, jak mnie ktoś dotyka.

Nie mam przyjaciół, nie wiem czemu – nie lubią mnie dzieci. Śmieją się ze mnie, plują, przezywają „ryża małpa". Może dlatego, że mam piegi. Nienawidzę tego, że mam piegi. Jestem taka brzydka, ale najważniejsze to, co mam w głowie – prawda Eliza? Reszta nie ma znaczenia.

Mieszkam teraz z przybranym rodzeństwem w pokoju. Śpimy na tapczanopółkach. Nie lubię spać, a Ty? Tato codziennie pije, wraca i ja muszę się kryć pod kołdrą, tam jest duszno.

Mama jest zdenerwowana cały czas. Płaczę, że on znów przyjdzie i będzie awantura. Zbije mamę, potem mnie złapie. Nie mogę znieść tych krzyków w przedpokoju. Mama tak jęczy, że już bolą uszy.

Gorąco mi cały czas. Jestem taka samotna. Tak pragnę być w innej rodzinie. Chcę mieć innego tatę i inną mamę. Ucieknę z tego domu, już niedługo. Na koniec świata, tam jest koniec tęczy i platforma. Czytałam o tym, tam jest lepsze życie, tam mnie nie znajdą. Pięknie tam jest – szaro. Wszędzie, tam chcę być. Na pięciolinii, jak klucz wiolinowy.

Pa Eliza!

Pamiętaj, ja Ciebie lubię.

Nie zapominaj o mnie.

Znowu zaglądam do mojego metalowego pudełka.

To jest mój pierwszy i ostatni list do Ciebie. Nie jest mi łatwo go pisać, ale chcę to zrobić - dla siebie samej. Chcę się oczyścić z brudu, który noszę w sobie od wielu, wielu lat. Dla mnie to bardzo ważne, żebyś mnie wysłuchał, ten jedyny raz w życiu.

Wiem o tym, że mnie nienawidziłeś i nienawidzisz do dziś. Zawsze mnie w tym utwierdzałeś, nie tylko przez te pierwsze siedem lat mojego życia. Nie przypominam sobie, żebyś kiedykolwiek powiedział mi, że mnie kochasz. Choć tak, mówiłeś do mnie „Kochana Elizo", puste słowa... Ale obydwoje wiemy, że nie mnie widziałeś, kiedy do mnie mówiłeś. Nie mnie kochałeś i nie mnie nienawidziłeś. Twoja pusta władza, kontrola i manipulacja... żebym była Twoja... tato... nawet jak myliłeś mnie z nią.... Słyszałam tylko wciąż te same słowa skierowane pod moim adresem „Nienawidzę cię", „Nienawidzę jej", „To wszystko przez nią". Gdy to słyszałam, zapadałam się w siebie.

Uwierzyłam Ci, że nie warto mnie kochać, że nie jestem warta niczyjej miłości. Czułam się taka niepotrzebna i niechciana. Czułam się winna wszystkiemu, co działo się w naszym domu. Tego właśnie chciałeś? Czy nie miałeś odwagi poczuć się winnym? Powiedz, dlaczego nigdy nie wziąłeś odpowiedzialności za to, co mi zrobiłeś, a chciałeś bym to ja wzięła odpowiedzialność za to, co Ty mi zrobiłeś? Powiedz mi dlaczego śmiałeś się, gdy ja płakałam słysząc, jak bardzo mnie nienawidzisz? Czy miałeś z tego ubaw?

Pozbawiłeś mnie dzieciństwa. Zabiłeś we mnie dziecko, małą Elizę. Przez Ciebie tak dużo z tego dzieciństwa zapomniałam. Moje dzieciństwo jawi się jak czarna plama, dziura bez dna. Te wstrętne odgłosy krytyki i mój ciągły płacz z niemocy, z ubijania mojego bycia człowiekiem czującym. Twój nieziemsko demoniczny rechot, który do dziś słyszę jak echo.

Nienawidzę Ciebie za wszystko. Za to, że mnie poniżałeś, dotykałeś, biłeś, maltretowałeś. Wiem, że nigdy nie chciałeś, bym się urodziła. Ale - jak widzisz - żyję, jestem. A tak namawiałeś mamę, żeby usunęła ciążę. Tak, wiem o tym. Ale Ty sam się z tym nie kryłeś i pokazywałeś mi to na każdym kroku. Nawet wyrzuciłeś mnie roczną z łóżeczka na podłogę. Dlaczego, aż tak byłeś na mnie wściekły? Przecież byłam taka maleńka.

Przez Ciebie moczyłam się po nocach. Spocona, sparaliżowana ze strachu zasypiałam schowana pod kołdrą, a potem jeszcze byłam za to moczenie karana… Powiedz, dlaczego to wszystko robiłeś? Dlaczego? Ja tak się Ciebie bałam, byłam taka mała, mogłeś wszystko, co chciałeś pokazać?

Dlaczego nas biłeś? Mama się tak Ciebie bała, tyle dla Ciebie robiła, a Ty ją zdradzałeś z Kaśką i innymi zakłamanymi kobietami. Dlaczego ganiałeś mamę po klatce z siekierą i krzyczałeś: „Ty kurwo, zabiję cię"? Tak się wtedy panicznie bałam. Bałam się, że to zrobisz, i że zrobisz to także mi. Miałam różne obrazy przed oczami. Bardzo dużo obrazów… bo widziałam już tyle razy co mi robiłeś i co robiłeś jej.

Dlaczego nie kochałeś mamy, dlaczego też nie kochałeś mnie? Jak mogłeś się tak nade mną znęcać? To był horror: wykręcałeś jej ręce, przypalałeś ją papierosem, uderzałeś jej głową o ścianę, gwałciłeś ją, kopałeś… to trwało wieki.

Dlaczego mama musiała mieć przez Ciebie operację na oko? Przez zwykłe niedomówienie, bo nie potrafiłeś słuchać, wciskałeś jej do środka gałki oczne!

Ty potworze, Ty podła szujo. Nawet nie mam słów jak Cię nazwać. Gdy znęcałeś się nad mamą, wciskałam się w ścianę i płacząc błagałam: „Tato, proszę, zostaw ją". Cała drżałam, kiedy patrzyłam na to wszystko, co jej robisz. Wyłam o pomoc, a potem zamykałam się w sobie, bo nic nie mogłam zrobić. Wtedy postanowiłam, że jak dorosnę, to Cię zabiję. Tamtej nocy, gdy przez Ciebie wylądowała w szpitalu, cała skopana i zakrwawiona.

A potem byłam ja… w kolejce… następna… Tyle cierpienia… tato… tyle bólu… tato… tyle sadyzmu… tato…

Znowu zaglądam do mojego metalowego pudełka.

Tato i mamo, ciężko mi było przestać Wam służyć. Tak bardzo Was kochałam…

Pamiętam, gdy szalałeś w domu jak opętany. Nic nie słyszałeś, tylko latałeś w pokoju z kąta w kąt, jak w amoku. Ja stałam wciśnięta w ścianę. Cała drżałam i chwilami z osłabienia sama nie wiedziałam co się dzieje. Te krzyki, nie mogę zapomnieć tych krzyków z przedpokoju, tych wrzasków i płaczu. Nawet kiedy wieczorem leżałam w łóżku pod kołdrą, ledwie mogłam oddychać.

Gdy wracałeś z pracy, czekałam w napięciu, ale i w gotowości na wszystko… na Twoje kolejny koszmary, na przyjście potwora. Mama chowała się pod łóżkiem i cicho szlochała, a my musiałyśmy kłamać, że mamy nie ma. Same schowane pod kołdrami leżałyśmy w ubrankach, kurtkach i butach. Czekając w gotowości do ucieczki, na odpowiedni sygnał kiedy zaśniesz i będzie czas uciekać. Lub kiedy znikniesz w drugim pokoju i nadejdzie odpowiedni moment. Krótka chwila, aby przebiec przez ten długi korytarz i zmieścić się szybko pomiędzy drzwiami i futryną, by nie zostać przytrzaśniętą.

Skąd brałeś tyle siły? Zawsze byłeś pijany i tylko alkohol się dla ciebie liczył. To on tak dodawał Ci odwagi, żeby bić słabsze istoty?

Jak ja ciebie nienawidzę potworze! Śmiałeś się ze mnie nawet gdy jadłam obiad i wyciskałeś mi jedzenie z buzi. Tak wtedy płakałam, że nic nie mogę zrobić, a ty śmiałeś się ze mnie, małego zapłakanego dziecka.

Dlaczego mi to wszystko robiłeś? Nie mów tylko, że tego wszystkiego nie pamiętasz. Dałeś mi tak wiele złego, dałeś mi ból i płacz. Tylko lub aż na tyle było cię stać. Byłam już zmęczona twoim szaleństwem.

Nawet teraz miewam przed oczami obrazy maltretowania, znęcania się nade mną. Wszystko przesuwa się przed moimi oczami jak klatki filmu, który trwa do dziś. Nie potrafię wyrzucić z umysłu tych wszystkich scen. Miewam wizje, w których akcja toczy się dalej i kończy się katastrofą. Gdzie ostry nóż przeszywa ciało.

Nie miałam dzieciństwa jak inne dzieci. Nigdy się nie uśmiechałam. Jej, przez tyle lat się nie śmiałam na głos. Stłamsiłam w sobie wszystkie pozytywne uczucia. Stłamsiłam w sobie na wiele lat te wszystkie wydarzenia. Dzieciństwo, siedem lat mojego życia, po którym przestałam istnieć dla ludzi i dla siebie.

Dlaczego dałeś mi taki prezent? Powiedz, aż tak mnie nienawidzisz? Od samego początku nauczyłeś mnie być złą. Jak ja ciebie nienawidzę. Boże, wybacz mi tą nienawiść.

Powiedz mi, dlaczego zabiłeś tego staruszka, morderco? Dlaczego biłeś kuzyna i tą staruszkę? Tylko to potrafisz. Jesteś chory, słyszysz? Jesteś chory na nienawiść do wszystkich ludzi.

Ty słaby, marny człowieku, zmarnowałeś życie sobie i zniszczyłeś życie tylu ludzi. Ale nie do mnie należy zapłata.

Wiesz, wzbudziłeś we mnie taki strach swoją osobą, że do dziś się ciebie boję. Pojawiasz się i znikasz pod różnymi postaciami. Dlaczego się ode mnie w końcu nie odczepisz? Czego ode mnie chcesz? Powiedz, co chciałeś uzyskać dzwoniąc jeszcze trzy lata temu i mówiąc mi, że mnie zabijesz? Co ja ci takiego zrobiłam, że ty mnie tak nienawidzisz? Chcesz mieć nade mną nadal władzę? Nienawidzę twojego głosu.

Dlaczego potworze mi to wszystko zrobiłeś? Dlaczego mnie upośledziłeś? Że dziś nie potrafię żyć, nie potrafię kochać, żyję w strachu. Boję się bólu, agresji, miewam lęki, boję się silnych ludzi. Nie potrafię założyć zdrowego związku, jestem dysfunkcyjnym człowiekiem.

Tak bardzo uciekałam przed przeszłością, że piłam, Ty mi to pokazałeś. Tyle lat się leczyłam... teraz uczę się życia na nowo. Potworze!

Zabiłeś we mnie dziecko, zabrałeś dzieciństwo. Nie miałeś takiego prawa, bo takie prawo nie istnieje.

Nie masz uczuć. Wiesz, czasem staram się Ciebie usprawiedliwić tym, że Ty też musiałeś mieć straszne dzieciństwo. Dlatego swoją nienawiść przelałeś na cały świat. Ale nigdy nie będę tym usprawiedliwiać twojego zachowania, nigdy! Jesteś takim „tanim człowieczyną", tak o Tobie mówiono. Twoje zachowanie było zajadłe, nieludzkie.

Czekam na twoją śmierć. Bądź pewien, że nawet nie przyjdę na twój pogrzeb. Nigdy też nie odwiedzę twego grobu. Obiecuję ci to teraz i na zawsze.

Widzisz, zostałeś sam. Samotnie żyjesz, kaleka po amputacji palców. Z przepitym organizmem, zdewastowanym mózgiem, majaczysz, masz halucynacje, ty karykaturo człowieka. Nawet nie wiem, czy chcę od Ciebie usłyszeć, że ci przykro.

Tak, chcę żebyś kajał się przed mamą na kolanach. Żebyś prosił, błagał o wybaczenie za to, co jej zrobiłeś. Za wszelkie krzywdy, które jej wyrządziłeś. Tak mocno ją biłeś i tak mocno ją zraniłeś.

Życzę ci śmierci, giń samotnie. Nie potrafię ci wybaczyć. Nie potrafię o tym wszystkim zapomnieć. Ja sama nic od ciebie nie chcę. Nie chcę, bo już nikt nie zwróci mi dzieciństwa. Piszę ten list tylko dla siebie, bo chcę uwolnić się od twojej osoby i od tej wstrętnej przeszłości. Piszę ci to wszystko, bo chcę żyć w zgodzie ze sobą. W szczerości. Żyć bez zakłamania i iść drogą prawdy. Gardzę tobą potworze!!!

3. NOCNE UCIECZKI

TRZĘSŁAM SIĘ. Stałam tam i patrzyłam. Na to okno. Właściwie jak patrzyłam na ten budynek, widziałam tylko okno i tylko okno. Mamo, mamo, czy ja mogę iść? Mamo, mamo, gdzie jesteś? Mamo, mamo, wpuść mnie.

Wybiegłam na schody i zbiegłam na dół. Zobaczyłam drzwi piwnicy, były otwarte. To tam po schodach, jak się schodzi, te pierwsze główne. Bałam się, że tam z boku, po lewej stronie, tam znowu stoi jakiś pan… Pomyślałam sobie, że nie mam wyjścia, bo było zimno na podwórku, bo zima, i że będę musiała przebiec tamtędy przez piwnicę, i że będę musiała przebiec przez korytarz piwnicy.

Co ciekawe, ten korytarz piwnicy zawsze kojarzył mi się w drugim kierunku, żeby przebiec. Sam w sobie był bardzo wąski, jak przejście pomiędzy dwoma ścianami, i po bokach był zimny mur, i drzwi drewniane od piwnic innych sąsiadów.

Tam wtedy cicho siedziałam i nasłuchiwałam co się dzieje, bo tam było najcieplej. Tam mogłam się schować za takim zakamarkiem, tam gdzie zaraz była nasza piwnica. Ja się tak strasznie bałam, to było dla mnie takie terrorystyczne, że tak jakby nie było wyboru. Ja byłam w takiej pułapce pomiędzy tym, że nie mogłam uciec a tym, żeby tam zostać.

Zapalałam sobie światło. Guzik to był taki przykryty przezroczystą brudną gumą. Czasem było ciężko włączyć. Trzeba było z całej siły przycisnąć, bo ta guma na przycisku odchodziła, i nie mogłam docisnąć, i biegłam, i nasłuchiwałam…

Czasem jak dociskałam tą gumę, to czułam pod paznokciem nacisk i pstryk... i w końcu jak udało mi się docisnąć guzik, biegłam, stawałam, znów biegłam i znów na słuchiwałam...

Strasznie się bałam, że z drugiej strony drzwi ktoś wejdzie, albo że z obu stron przyjdą mężczyźni z jednej i z drugiej strony... Wtedy szybko biegłam z drugiej strony. Wcześniej właściwie kucałam i tak na kuckach siedziałam. Plecami przyciskałam się do drewnianych drzwi piwnicy i było mi trochę cieplej, ale za to bardziej się bałam, bo nie wiedziałam, czy ktoś przyjdzie, czy może ktoś jest w piwnicy.

Znowu wybiegałam, kiedy tylko usłyszałam jakiś strzyk. Wtedy biegłam i tak biegłam długo przez cały ten korytarz, aż dobiegłam do tych drugich, końcowych drzwi. Właściwie ten korytarz wydawał mi się tak samo długi, jak mój przedpokój, ale był tak naprawdę jeszcze dłuższy. Choć nigdy nie było w nim mojego taty, tylko jakiś facet. I wydawało mi się, że muszę tak szybko przebiec, tak szybko jak w domu, i żeby wbiec w te drugie drzwi. Wtedy tam szybko otwierałam je i tam była taka... była taka inna kamienica sąsiadów. Taka inna...

Te dwie kamienice stały obok siebie... I w tej drugiej kamienicy był zawsze taki inny zapach. Tam było tak jakby, mi się zawsze wydawało, że tam jest jakoś tak, taki wyższy poziom, albo że lepiej się ludziom żyje. To jest takie dziwne, że w naszej kamienicy mieszkało więcej alkoholików niż tam, a przecież stały obok siebie. Tylko była w tym taka różnica w rozłożeniu rodzin w kamienicach. I że oni są tak jakby z lepszego gatunku, tak mi się przynajmniej wydawało, tak jak rodzina A. przykładowo. Tak jakoś są lepiej traktowani, w sensie mi się wydawało, że ta druga klatka była jakaś jaśniejsza, że to nie jest już taka patologia, jak my. I tam mi się wydawało, że te schody są, jak dotykałam tego kamienia schodów, to że one były takie bardziej śliskie, takie bardziej delikatne.

Ja nie czułam głodu, w ogóle nie czułam. Raz na tej klatce znalazłam takiego cukierka. Był oblepiony, ktoś już po nim

chodził, ale był taki jak „krówka", jasnobrązowy, taka „żujka".
Był silnie przyklejony, a jego górna warstwa roztopiona i zmro-
żona od zimna. Podniosłam go wydrapując najpierw paznok-
ciami. Brudny. Ja też. Taki zdrapany podniosłam do ust,
przełknęłam ślinę, cukier… to nic, że brudny… choć wola-
łabym aby był czysty. Wyobraziłam sobie przez moment jaki
byłby, gdyby był czysty… Włożyłam do ust i smakował jak
miód, choć nerwowo go gryzłam przygryzając przy okazji
język… to nic…

Nie czułam obrzydzenia, w końcu nikt nie widział, pająki,
karaluchy, ślimaki… To nie było ważne… choć to właśnie
ślimaki i ich wolne, ale zdeterminowane posuwanie się intereso-
wało mnie. Tak samo jak u pająków, ich determinacja, aby
budować, nawet jak i tak nić pękała następnego dnia, czy to od
deszczu, czy to od wiatru…

Wtedy też siadałam tam na tych schodach na dole. Nie
wchodziłam na górę. Tam już bałam się być, tam nie znałam,
nie wiedziałam co będzie. Nawet mi się tam z innymi kolorami
ta klatka kojarzyła, z piaskowo-jasnoszarym kolorem. Ta klatka
w mojej kamienicy była natomiast taka czarno-mroczna, jakby
tam było tak czarno i tak ciemno, i tak śmierdziało jakoś…

No i tak siedziałam cicho w tej drugiej klatce na dole, i jak
tylko usłyszałam, że ktoś schodził, czy nawet jakiś odgłos, no to
wtedy wybiegałam i wracałam przez moją bramę… A w mojej
klatce potem sprawdzałam, że może jak poczekam, to może
znowu będę mogła już wrócić do domu. Bo właściwie cały czas
chodziło tylko o to, żeby wrócić do domu, do mamy, i kiedy
mama da znać…

Raz, jak znowu uciekałam, ktoś szedł… Zbiegłam i zobaczyłam tam pana w środku, w piwnicy. Potem pana na dole,
przy wejściu – obcego - nie mieszkał tam. Zobaczyłam jego
siurka, tak na wysokości mojej twarzy. Ten pan się tak patrzył
na mnie. Wystawił, jak mnie zobaczył. Taki ekshibicjonista, nie
znałam takiego słowa, ale mi powiedzieli na podwórku. Dużo

było tam takich u nas w okolicy. On właśnie nic nie robił, tylko stał i go miętosił. Taki pan z siurkiem.

Raz jechałam autobusem do miasta, to też podszedł do mnie po prostu. Dużo ludzi stało, ja akurat siedziałam, nikt albo nie widział, albo nie reagował... Ja nie mogłam się ruszyć. To tak na wysokości moich oczu tak samo, podszedł po prostu i tak wystawił siurka, wyciągnął normalnie. Wyglądał najpierw jak taka kiełbasa, taka miękka, jak taki serdelek, wyskoczył. I to było tak szybko, takie ni stąd ni zowąd, z zaskoczenia. Zaraz odwróciłam głowę, ale poczułam się znowu w tej samej pułapce, że nie mogę uciec. Patrzyłam przez szybę, ale nie widziałam nic, oprócz mokrej rosy na niej od zaduchu w autobusie, i znów czułam, że nie mogę oddychać.

Innym razem, jak uciekałam koło kamienicy, to pobiegłam wzdłuż ulicy, po lewej stronie. Tam były takie domki, właściwie tam też były jabłka, bo czasem chodziliśmy zbierać. Biegłam szybko. Bałam się tam, bo tam nie wiedziałam, ale mi się wydawało, że może tam są jacyś mężczyźni. Ale biegłam dalej i tam potem w lewo się zaczynało, tam właśnie tak jakby kanał, i taka rzeczka płynęła, i była kładka, i tam przez tory się przechodziło na drugą stronę.

Czasem tam schodziłam w dół i było ciemno, gwiazdy świeciły nocą. Tam były te wysokie lampy, z takiego szarego pofalowanego kamienia… Taki kamień robiony w harmonijkę… Jak biegłam, przesmykiwałam się koło nich, i tam było pamiętam zawsze takie oznaczenie, zaraz koło pociągowych linii, żeby nie wchodzić na górę.

Bałam się tych słupów. Chodziła u nas w okolicy taka historia, że ktoś właśnie wchodził na jeden taki słup i się tam poparzył, właśnie od takich pociągowych linii. W ogóle dużo słyszałam takich historii, bo tam co raz było słychać, że ktoś pod pociąg wpadł. My mieszkaliśmy koło torów, więc wiedzieliśmy, że nie było tego dużo, ale takie historie u nas wciąż krążyły i to było też owiane właśnie jakimś takim postrachem i że to niebezpieczne.

Tam czułam się, że wszyscy się wszystkiego bali... Ciągle takie podwórkowe wystraszenie... To było takie tematyczne, tak do porozmawiania w podwórzu. Często też patrzyłam, czy pociąg jedzie, ale nie bałam się pociągów. Nic tam nie było ogrodzone, totalna samowolka, to było tak niby dalej.

Jak uciekałam, i tam siedziałam, to nie było dokładnie pod mostem, ale tak obok kładki, zaraz obok zejścia w dół. Tam była trawa, torfowiska i zejście w dół, taki jakby lekki rów. No i potem była rzeka, więc tam było dużo krzaków, ale był też tatarak w niektórych miejscach, i wtedy kucałam sobie i czasem go wyciągałam i go żułam.

Na przykład bardzo fajnie było, jak był śnieg. Właśnie zimą, to jak mi się pić chciało, to sobie robiłam taką kulkę ze śniegu i sączyłam ją, jakby piłam. Albo przy lampie jak siadałam latem, to tam szukałam ślimaków, to znajdowałam jakieś i układałam je. Zastanawiałam się, ile czasu będę musiała tutaj siedzieć. Zastanawiałam się, co robić dalej, gdzie się podzieję. Było ciemno, tylko to światło od lamp, czasem księżyca...

Czekałam, nasłuchiwałam też, daleko tam. Dalej, tam było tak, że tam była łąka po drugiej stronie. Tam się bałam chodzić. To ta łąka, na którą chodziłam z tatą strzelać z łuku. Zwykle nie widywałam tam ludzi nocą. Byłam tam całkiem sama... jak już przechodzili jacyś, to tylko alkoholicy zapici. Nigdy nie widziałam tam żadnego innego dziecka, nigdy, przez tyle lat... więc to było nocą takie moje miejsce.

Wiem, że dzieci bały się tam chodzić... Ci co tam nocą chodzili, to tylko byli jacyś obcy. Ja nie rozpoznawałam ich. Nie wiedziałam kto to jest. Tacy idący, tacy machający się na boki. Nie zauważali mnie przechodząc. Chowałam się, bo to jest taka sytuacja. To już jest taka pułapka. Nie mogę wrócić do domu. Nie mam gdzie pójść. Do nikogo nie zapukam...

Jeśli już pobiegłam tam, mimo że też były inne miejsca, jak przykładowo wcześniej biegałam gdzieś indziej, ale jeśli tam biegłam, to chowałam się w krzakach, jak dzika… Trochę jak takie dzikie dziecko. Więc jakby chowałam się tam w krzakach i widziałam tych, co przechodzili, ale oni mnie nie widzieli.

Nauczyłam się bardzo cicho oddychać i się nie ruszać. Potrafiłam tak płytko oddychać, i w jednym miejscu, w bezruchu. Potem nauczyłam się też chodzić bardzo cicho. Tak cicho, żeby dosłownie nikt nie wiedział. Pamiętam, jedna koleżanka raz do mnie mówi "boże, Eliza, ale jak ty tędy przeszłaś, w ogóle nikt nie usłyszał, a ty już tutaj jesteś". No i tak było, żeby mnie nikt nie zobaczył, nikt nie rozpoznał, no ja nawet czułam się jak jakiś taki uchodźca. Tak tylko umiałam tam być w tym domu, a potem w tym uciekaniu. I tak sama, tylko sama. Nie ma nikogo, nie mam do kogo pójść, nie mam z kim porozmawiać, nikomu nie ufam. Jestem sama, całkowicie sama…

Uciekłam do piwnicy i on tam był, ten facet. Złapał mnie tylko za rękę. Uciekłam wystraszona. Potem strasznie bałam się przychodzić do tej piwnicy. Ale nie było gdzie iść, bo było zimno, więc tak jakby nie miałam dokąd pójść i się schować. Wiedziałam za każdym razem, że ryzykuję, a ja tylko robiłam coś, co moja mama w tym domu. Ona też czekała, właściwie czekała na niego, żeby była akcja, a ja czekałam na znak i wtedy uciekałam do miejsc. Nie mogłam nigdzie więcej pójść, i byłam zdana, dosłownie zdana tylko na siebie. Czułam tam takie wybicie woli, poczucie bycia w pułapce i niemocy wyjścia z tego.

Jakbym miała szukać ludzi, to do przystanku autobusowego było niedaleko. Jeden był blisko, ale były też daleko, jakieś 27 minut od domu, zależnie który przystanek. Tak to uciekałam do innych takich ludzi i wtedy im mówiłam. To były takie sceny, kiedy coś się stało z mamą. Bo jak się nie stało z mamą, to ja jakby nie biegłam do ludzi. Bo ja jakby nie miałam co powiedzieć. Ja jakby tylko czekałam na mamę. Wtedy tylko szłam i mówiłam. Miałam wytłumaczenie, bo jak inaczej mogłam wrócić do domu? Jak inaczej mogłam poprosić o pomoc?

W tych bramach, na tych klatkach to był jakby mój drugi dom. Nie było mi tam dobrze, ale to jakby tam mogłam być jak w tym tunelu. Tam się mogłam ukryć, schować, skryć, wyczekiwać. Najgorsze były chwile, jak już wyczekiwałam. Mimo, że właśnie na klatkach znajdowałam się zawsze ni stąd ni zowąd. Właściwie, kiedy uciekłam, nigdy nie wiedziałam jak to będzie kolejny raz, bo czasem ktoś stał, albo nie stal, albo przechodził, albo nie przechodził. Różne noce, różni ludzie, różne pijaki. Te bramy były pootwierane, tam nie było zabezpieczeń, były różne nazwiska wypisane na liście.

Jak uciekałam koło mostu czy torów, to stamtąd nie widziałam znaku od mamy. Dom był za daleko, żeby zobaczyć. Jedynie jak byłam bliżej, koło takich domków, tam było wtedy widać światła w domu… Ja czekałam. To było coś takiego, że uciekałam i ja po prostu biegłam, i zależnie od tego, co się wydarzyło, to do piwnicy biegłam albo uciekałam po prostu przed siebie. Po prostu trzaskałam, biegłam przez bramę, wybiegałam i po prostu przed siebie biegłam, biegłam, biegłam, biegłam, biegłam, biegłam i zatrzymywałam się gdzieś koło torów.

Nie wiem, jak długo musiałam biec, żeby się w końcu zatrzymać. Może by było tak z pięć domków na odległość, ja nie wiem, ile to jest. Biegałam też potem szybko w szkole, i na zawodach. To miałam wytrenowane w nocy – tak przed siebie, mimo że nie chodziłam na sks-y. Jak biegałam, to tylko rozpęd i gdzieś tam po prostu się zatrzymałam.

Dopiero jak się zatrzymywałam, to tam siadałam i sapałam, i dochodziłam do siebie. Pamiętam, jak dostawałam ataku paniki w trakcie, kiedy biegłam, i wtedy tam się kryłam albo padałam, albo kucałam. I pamiętam taki silny ból w płucach, bo to nie było tylko zwykłe zmęczenie, tylko było takie co się dzieje... Gdzie ja jestem... Kucałam i tam było tak jakby w gardle coś takiego, tak jakby taka kula rwała, taki łuk rwał, wewnętrzny. Tak jakbym chciała wziąć to powietrze i odpocząć, i tam taki ból wtedy był przeszywający.

Czułam, że nie nadążam nad tym całym chaosem, że tego jest tak dużo, ale jak biegłam, czułam już tylko wolność. Nic nie widziałam, nic nie słyszałam, tylko sunięcie do przodu, i ten wiatr na twarzy...Zimą był on bardzo zimny, to nie było jak na zawodach, a tak biegnę, chapię, sapię, prawie -40 stopni Celsjusza, wiatr huszczy, i to jest takie podrażnienie gardła. -20 to było ostre, ale jak prawie -30 najczęściej w styczniu i lutym, czasem prawie -40, i to zimno...to aż tak cięło, tak strasznie i mocno, tak w środku w gardle.

Jeśli zdążyłam wziąć rękawice, to wtedy zimą dyszałam do środka rękawicy czy czapki. A jak nie miałam, to do kurtki, do środka, żeby to powietrze nie było takie tnące, bo to i tak mnie już w środku bolało. Dopiero jak w trakcie się zasapałam, to jakby doszłam do siebie co się dzieje. Złapałam obieg oczami, gdzie jestem, to tak jakby już było po... Po wszystkim, choć to tylko na moment, cisza, stop, i po takim lataniu, nie wiadomo gdzie... Inaczej to wyglądało, jak biegłam z informacją, komuś coś powiedzieć o mamie. To są inne sceny, bo ja biegłam inaczej.

Często nie widziałam, co było za mną pozostawione w domu, co się stało mamie, ale miałam jakąś informację. Wtedy biegłam i biegałam, po prostu żeby mówić: „a u nas jest to, a u nas jest tamto, a to z mamą jest tak i ja się boję, czy ja mogę tu u was zostać...”

Pamiętam, jak kilka razy pukałam i pukałam do tych drzwi, i też było tak, że nikt nie chciał otworzyć, a bałam się za klamkę, więc wtedy dzwoniłam.

Pamiętam po prostu za każdym razem, jak po tych klatkach chodziłam, ja tam powtarzałam to samo i znów tam takich lęków dostawałam, kto otworzy teraz drzwi. Trzeba będzie mówić i to jak taki karcer. Nie chciałam tam być, nie chciałam tego robić i mi się powtarzały te klatki różne, totalna pułapka. To takie chodzenie po bramach, to takie chodzenie po mieszkaniach, a kto teraz poniży, kto teraz otworzy, i że ta dobra nowina, i że ta informacja, że coś się w domu dzieje.

Czułam, że idę by mnie kopano, by mnie poniżano, i te bramy, znów i znów. Jak to trwało, nie wiem, może godzinę, i ten koszmar usłyszenia „wypierdalaj!", i te zamykane drzwi przed nosem. Nie chciałam głosić, ale chciałam być w raju... i że to dla Boga... i Jezusa... jakoś mi się układało, że tak samo jak oni będę miała większą szansę być w raju, że oni wiedzą lepiej, jak ja wejdę do raju... i wtedy te nocne klatki, po pomoc, po pomoc, by nie umrzeć.

Jak miałam 13-14 lat, to jakbym zapomniała o tym, że uciekałam, że tamte klatki były w nocy, a teraz był dzień. Zimą, wieczorem, jak szłam powoli do klatki głosić, wtedy tak znów przychodziło, ale takie dziwne uczucie. Śnieg trzaskał pod stopami, chrupał, wilgoć czułam wokół nosa i ust, kryłam twarz w szalik, i znów to samo uczucie. Wejście do bramy i pierwsze kroki w kierunku schodów, i to parne powietrze od kaloryfera w przejściu.

Tylko wtedy, na moment, było jak dawniej... jak uciekałam do siódmego roku życia. Ale jak weszła mi po siódmym roku życia inna mama, mama po ataku i po śmierci, to z tym przyszło też nowe dzieciństwo, inne „uciekanie". W tym było dużo zatrzymania, pułapki bez wyjścia. To była inna kobieta, taka groźna pani, która mnie tresuje, jak sukę na podłodze, potem już latami. To były jakby dwa różne życia.

Jak biegałam nocą i uciekałam, to jakby kształtował mi się hart i determinacja, że ja zrobię wszystko, żeby żyć. Dlatego ja czułam, że mam wpływ tylko wtedy, jak biegam.

Nocą, stałam w bramie dalej od domu i dochodziłam do siebie, i wypatrywałam stamtąd znaku od mamy... czekałam. Tylko ten znak miał znaczenie. Zawsze patrzyłam na kuchnię, dla mnie to było obserwowanie tego okna. Tam z daleka, z tego mostku, ledwie widziałam kuchnię, bo było za daleko. Ledwie można było zobaczyć tam nasz dom i ledwie, gdzie jest to światło zapalone. Patrzyłam, czy może już jest, czy może gdzieś jest, i czy u nas jest.

Jak zobaczyłam światło zapalone, to tak jakby coś się rozświetlało we mnie, w środku, tak jakby się zapalała lampka w środku. Tak jakby dostawałam takiego ocknięcia się, to też zalewało mnie, to było dla mnie za duże, ale takie było, że… Ucieczka, i w tym samym czasie patrzenie, żeby tam pójść, i co ja tam zobaczę, czy mama normalnie wygląda, czy będę spać… Wiedziałam, że powrót też może być różny…

Jak wracałam, to mama mówiła, że już go nie ma, że taty już nie ma… Jak szłam po schodach, to szłam bardzo powoli. Idę i wiem, że mogę pójść, to idę bardzo powoli… taka niemoc, jakby w smole wszystko… jak widziałam jak asfalt wylewali… tak powoli leciało, ociężale… W ogóle, jak do domu się zbliżam, to znowu dostaję ataku paniki. Znowu ledwie oddycham, bo tam jest taka niewiedza, tak jakby - co tam jest? Jak to wygląda? I że ja muszę tam iść, i ja tam idę, i ja już nic nie słyszę i nic nie widzę, tylko ta jedna jedyna kamienica, to jest jedyny cel i ja tam idę, i zbliżam się do tej bramy.

Pamiętam, że zawsze jak wchodzę do tej bramy, jest taki właśnie jakby podmuch takiego smrodu, i jakby to zmienia się w tym oddechu jeszcze bardziej, że nie mogę oddychać. I pamiętam, że wchodzę właśnie na te pierwsze schodki. Najpierw nasłuchuję, najpierw po prostu słucham i sprawdzam, czy coś słyszę. Jest tylko cisza, jakaś taka cisza. Bardzo oczami też sprawdzam, bardzo. Sprawdzam, czy jakiegoś faceta nie ma. To po prostu jest katorga, po prostu wejście po tych schodach, i co tam będzie, po każdym kolejnym schodku, po każdym piętrze, i dlatego zawsze tak się cisnę koło tej ściany.

Ja się boję tam zajrzeć, a im bliżej jestem ściany, tym bardziej unikam trzymania się barierki. Dlatego, że przez barierkę zawsze jak zaglądałam, no to było widać, czy tam coś może jest na górze, czy na dole. I ja się boję tam zajrzeć, że może ktoś tam jest, a im jestem bliżej ściany, tym bardziej jakbym przysunęła się do czegoś, że czuję siłę nacisku. I to jest ciekawe, bo wszystkie sceny, kiedy on bije mamę, ja jestem przy ścianie. I cały czas to samo odtwarzam, czy jak on jest i bije, czy też jak go nie ma, a ja jestem sama.

To jakby muszę, nawet nie wiem co muszę, ale muszę, to jedyne co mam. Boję się za każdym razem, jak przechodzę przez tą prostą platformę i potem znowu wchodzę na schody, że tam koło okna będzie ktoś stał. Bo tam są dwa okna na całą klatkę. I po prostu wstrzymuję całkowicie oddech jak wchodzę... na pierwsze piętro, po pierwszych schodkach, potem są następne, i potem znowu tak samo. Ja nie widzę, co będzie za zakrętem, to jest po prostu taka katorga. Ja po prostu sapię już, ledwie oddycham, kręci mi się w głowie, i się tylko trzymam ściany cały czas. I plecami tak jeszcze dociskam i pupą, żeby czuć, że ja na pewno stoję, że ja na pewno dam radę i że tam wejdę.

Po prostu dla mnie zajrzenie tam jest straszliwe, bo to jest tak, że to prawym okiem patrzę jak w szoku. I patrzę czy ktoś tam jest. I potem dopiero jak zachodzę na piętro, i wtedy podchodzę do okna. I zaglądam przez okno, czy ktoś tam jest, czy nie jest, i jest mi ciężko zobaczyć, bo za wysoko było. I staję tam na palcach i potem znowu nasłuchuję i cały czas jestem przy ścianie. Potem przechodzę przez następne piętro, koło drzwi sąsiadów i wtedy patrzę tylko, czy sąsiedzi nie wychodzą. I znowu, czy nikt tam nie stoi.

Potem jest najgorsze – dla mnie najgorsze. To było to okno na klatce, to na drugim piętrze. Jak się w połowie schodów wspinałam, po każdym kolejnym schodku w górę, i wtedy tak, jestem coraz wyżej. Nie spotkałam na półpiętrze nigdy nikogo, ale bałam się. Znaczy, jak wchodziłam, to spotkałam jakiegoś pana czasem, ale to znowu koło piwnicy, bo oni tam wyżej nie wchodzili na to nasze piętro.

Raz siedział taki jeden na schodach, ale on też siedział napity. Taki jakiś przydrożny chyba wszedł, żeby mu było ciepło. Wtedy nie weszłam, wtedy uciekłam. No i potem poszłam, potem znowu wchodziłam, koło tych drugich schodów, i potem widziałam te drzwi od mojego domu. Najgorsze było też chwycić za tą klamkę i wejść, czasem były półotwarte.

Kiedy wracałam to nie dzwoniłam, ale czasem dotknęłam najpierw klamki. To zależy, to wszystko zależy. Bo przykładowo, jak było światło, a to była taka scena, że on wparadował po prostu jak spałam, bądź czuwałam. On wparadował nim zdążyłam uciec. No to już tylko było tak, że jeśli uciekłam, to mama tam została. Wtedy po prostu trzeba było czekać.

Tam ciągle było takie właśnie: gdzie jest moja mama, gdzie jest moja mama, że chcę do mamy, że ja nie mam się gdzie podziać, że dokąd ja teraz pójdę, że tylko ona może dać mi znać, co teraz... Jak była mama, to też nie chodziło o mamę, ja... tylko chciałam przeżyć, ja chciałam żyć. Ja czekałam na moją mamę, ale to w ogóle jest co innego, nie żeby z nią być, nie... jakby to nie chodziło o nią. Tam było po prostu, że ja mogę jakoś wrócić do tego domu, że ja będę żyć...

Jak wchodziłam, od razu biegłam do łóżka i szłam spać... Mama była w ich pokoju, ja nawet nie wiem, czy ona szła spać. Ona siedziała i płakała tam w pokoju. Czasem słyszałam, ale ja wtedy chowałam się w pokoju pod kołdrę. Czasem nawet butów nie ściągałam, tylko wbiegałam od razu pod kołdrę w kurtce i po prostu siedziałam tam tak długo, aż zasypiałam od potu i gorąca . Usypiałam po prostu ze spocenia. Usnęłam i znowu miałam trudności z oddychaniem, i znowu mi było ciężko oddychać.

Nigdy nie rozmawiałam z mamą, jak wracałam. Jedynie tylko chciałam wiedzieć, czy on jest, gdzie i kiedy wróci. Mama sama mi mówiła też i to było wszystko. U nas w ogóle nie było rozmowy, tak do mnie, dla mnie.

Te rozmowy tam to ciągle były o jakichś innych ludziach. Ja byłam tak z boku, niedoinformowana ciągle, jakby nie rozmawiano ze mną. Rozmawiali między sobą, o mnie, o innych, ale nie ze mną.

Ja nie wiem, gdzie byli inni. Nie wiem nic. Jak uciekałam, to już nie było nikogo. Uciekałyśmy, ale ja nie wiem, gdzie była reszta. Ktoś czasem zostawał… ale jak ja biegłam, to już biegłam. Czasem widziałam to jak jedno po drugim, przez drzwi. Czasem biegliśmy razem, wtedy to do cioci K. Było zimno, w środku nocy, w piżamach, z kapciami, na boso, za mało czasu było, choć miałam szczoteczkę do zębów schowaną wcześniej pod poduszką. To było dziesięć minut gdy biegłam tam sama… a jak nie sama to biegliśmy do cioci K. lub pani M. albo do rodziny F. ale to kilka razy tylko tam. Ale jak do ubikacji, do piwnicy, na kładkę, pod mostek, czy tory kolejowe tam na wrzosowiska, to biegałam sama.

Jak mama czy Tosia chciała mi pomóc, to ja nie chciałam, wtedy walnęłam kułakiem z niemocy, żeby odeszły i mnie nie dotykały. Nie chciałam, żeby ktoś do mnie podchodził. To właśnie jak mama już była inną osobą, jak miałam siedem lat. A wcześniej, przed jej pobiciem przez tatę, nie miałam takiej awersji do niej. Tam było, że musimy razem, nie chodziło o dotyk, czy blisko, chodziło że razem. Tam było, że tam jest jakieś silne przyklejenie jedno do drugiego, że tam gdzie mama, tam ja, i że ona musi mi dać ten znak.

To moje uciekanie od nich, od bicia, było przed siódmym rokiem życia głównie. Ja chciałam żyć. Ja widziałam tylko jeden cel: uciec! Właściwie to robiły moje nogi. Nie wiem, co się działo, kiedy mnie nie było. Raz słyszałam zdanie: „tato nie bij mamy" i on wtedy przestał, zatrzymał się, jakby cała masa poruszania się zatrzymała.

Każdy działał po swojemu. To widziałam ja, tak widziałam,

ja to widziałam… ale widziałam też tego pana w domu… a oni go nie chcieli zobaczyć.

Jak biegłam po schodach, czy z bramy, biegłam szybko, byłam sama… Nawet jak byłam na zawodach i biegłam, po wystrzale… biegłam sama… Ja nie wiem gdzie była reszta, nigdy się nie obejrzałam, nawet nie wiem gdzie byli inni ludzie, dzieci… ja po prostu biegłam. Tam tak było, ja byłam zawsze sama, i przebiegałam sama. I w domu, jak uciekałam przed nim, to wzięcie rzeczy, przygotowanie się, to też robiłam sama. Jak biegłam za dom, to też sama, ale wiem, że ona biegła do ludzi, a za mną nie biegł wtedy nikt. Ona biegła albo do cioci K., albo do pani H. lub M. lub D… czy innych sąsiadów, z innych kamienic.

Ja nie byłam społeczna, nie byłam „normalna" - tak o mnie mówili. Byłam „dziwaczka"… Nie czułam, jak oni, wewnętrznego przyzwolenia, że ja też mogłabym podejść po pomoc bez straszliwej przyczyny. Ja mogłam tylko jak była tragedia… Ja bałam się tych ludzi z drugiej kamienicy, oni byli jacyś obcy. Bałam się też tych z naprzeciwka. Oni nie bali się, chodzili tam. Bałam się też sąsiadów na dole, wszystkich. Oni nie. Chodzili tam i właściwie tam ich widziałam, jak już wracali.

Po siódmym roku życia bałam się tej nowej kobiety, mojej mamy, ale jakby nie mojej mamy. Jakiejś innej. Ale przed siódmym rokiem życia, jak ja uciekałam, to potem mama mi mówiła znów krótko co było, i że jakiś czas nie wróci. Mi samej było ciężko cokolwiek powiedzieć, bałam się pytać. Tak jak ona, uciekałam, jak tato łapał. Wiem, że ona tam była, i potem mi mówiła. Jak uciekłam, byłam w innym miejscu niż oni, ale po tym, znów między sobą mówili, co było. Nie mnie.

Dla mnie ten moment ucieczki to jest jak strzał, i wtedy stado ptaków rozpyla się na różne strony… Czasem na to patrzyłam na niebie. Myślałam… a jak jeden ptak daje znak, aby ten drugi leciał w swoją stronę, i ten po prostu frunie przed siebie hen hen… gdzieś tam… i po prostu jest taki w tym nagły popłoch najpierw, i potem on już nic nie widzi, nic, gdzie reszta jego ziomków... Nie ma nic i nie ma ich, a on zostaje sam... I tam się tak kręciło w głowie, wirowanie, potem takie kręcenie się, pofrunął i fiu fiu... i sobie usiadł i schował się pod krzakiem. Ja po prostu biegnę, ja biegnę jak po wystrzale z broni na stadionie, na bieżni.

Ja bałam się pójść do środka do mieszkania, do wnętrza domu tych sąsiadów. Dla mnie to była jakaś taka łapanka bez wyjścia, ja się bałam, a oni lubili, nie rozumiałam tego... taka pustka w tym. Oni nawet lubili tam chodzić, przykładowo do rodziny T. lubili. A ja się ich bałam, tam było jakbym nie istniała i jakby nie istniało to w czasie. To było jak dwa inne światy, dla mnie i dla nich. Ja jakby byłam inna, i oni byli inni. I oni mieli w tym lepiej. Ale ja nie czułam, że tracę. Ja nie chciałam tam, to nie było dla mnie... to nie było moje.

4. KREW

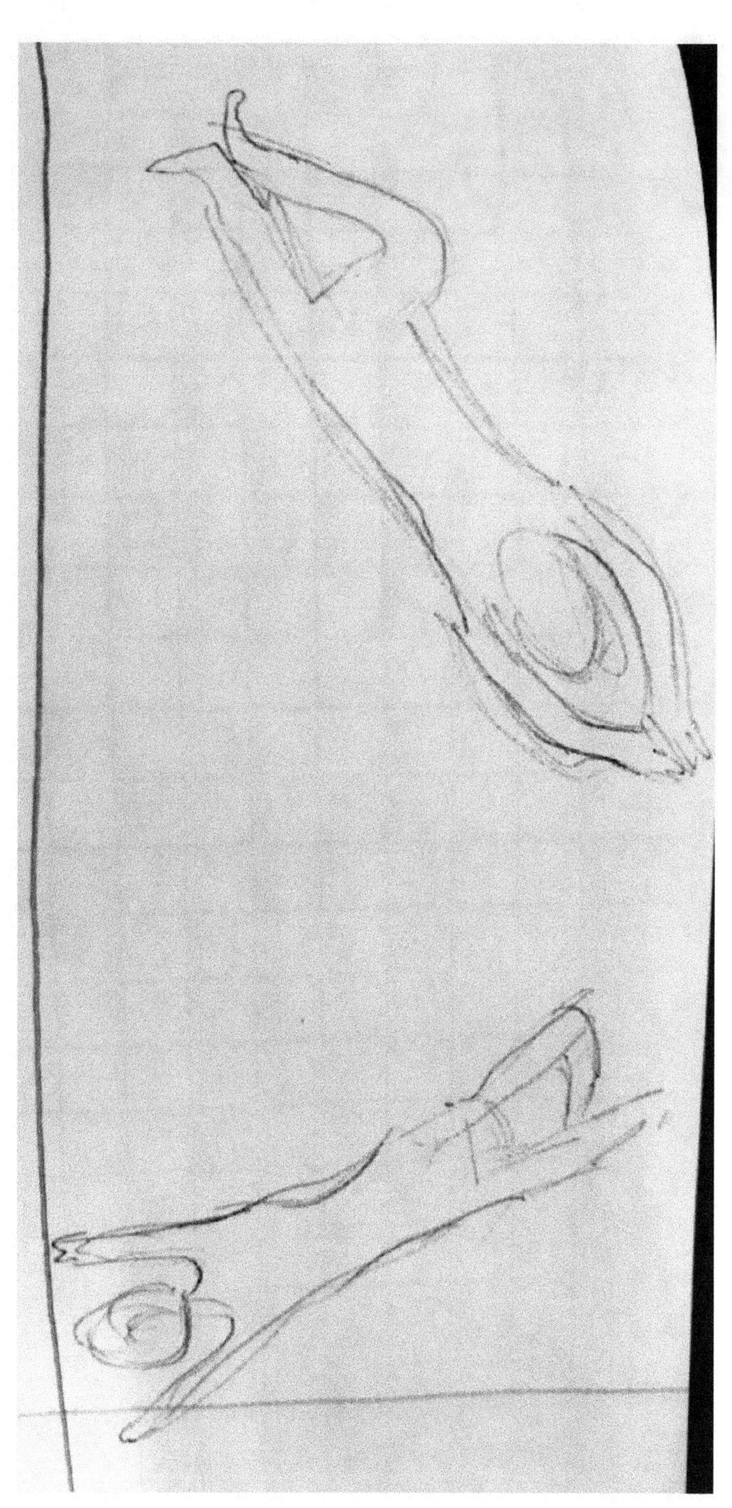

Trzęsłam się. Stałam tam i patrzyłam. Na to okno. Właściwie jak patrzyłam na ten budynek, widziałam tylko okno i tylko okno. Mamo, mamo, czy ja mogę iść? Mamo, mamo, gdzie jesteś? Mamo, mamo, wpuść mnie.

Stoję w przedpokoju, przy ścianie. Wciskam się w nią. Oczami patrzę na nich, widzę jak tato rzuca się na mamę… Tam jest tak mało miejsca… Ja się tak wciskam w ścianę i staram się jeszcze bardziej: plecami, pupą i nogami popycham. Chcę być cicho, cicho oddychać, praktycznie żeby nie było mnie widać.

„Chodź tutaj Olga!” On leży na niej z tym gipsem. Trzyma ją tak wokół, tak ma dłonie na jej policzkach, że jego obydwa kciuki są na oczach. „Coo? Nie wyrywaj się! Zabiję Cię, zabiję Cię teraz ty kurwo! Słyszę pokrzykiwanie taty i nagle krzyk mamy jak wydzierające się zwierzę. Oni się tak ruszają w różne strony, szamoczą. On wciska te kciuki w jej oczy coraz głębiej. On jest na niej, taki duży jest. Ona krzyczy, „Antek nie, Antek przestań”, czy coś takiego, a on dalej i drze się „Ty kurwo”! On ma te dłonie, one są takie duże, one tak obtaczają jej głowę, brodę, twarz… On ją tam łapie za włosy i o tę podłogę. Słyszę huk i znów się szamoczą. Nagle widzę krew. Widzę krew tak, że ona jest na ścianie. Jest tak dużo krwi, tak nagle…

Stoję tam, jak kartka… Chcę dostrzec jej twarz, co się dzieje? Staram się zobaczyć jej twarz, bo chcę zobaczyć co się dzieje… To jest wszystko tak szybko… W ogóle nie rozumiem... co się takiego dzieje, dlaczego... jest tak szybko... tak szybko...

Sama stoję w bezruchu, wciśnięta w ścianę. Czuję jakbym oczy miała tylko po to, żeby patrzeć... Muszę patrzeć, nie że chcę, ale że muszę... Takie, takie ja mam wrażenie, jakby oczy mi chciały wyjść na zewnątrz. To jest tak, że to się dzieje po mojej prawej stronie i ten nerw tam po prawej stronie oka, takie mam wrażenie, tak jakby on, to co jej robił, to mi to robi...

Ja już nie czuję, że oddycham. Takie trochę czuję, jakbym stała na palcach, trochę się unosiła. Jakbym taka była wciśnięta w ścianę, jakbym była do niej przylepiona. Coś takiego, tak jakbym się wciskała, ale też jest takie nic... jakby nicość... tak jakbym była... Jakby mnie nie było widać. Tak jakbym się coraz bardziej spłaszczała. Jakbym się tak przyciskała do ściany, że się tak prawie spłaszczę, że się stanę ścianą. Wtedy ze wszystkiego co się dzieje, to on mi nie zrobi nic, jak stanę się ścianą.

Tam jakby nie wiadomo było, co się stało z tą jej twarzą. Bo tam tyle krwi jest, że nie wiadomo, gdzie się zaczyna, a gdzie się kończy. Ona jęczy, on krzyczy, oni się szamoczą, on jest taki duży. On jest taki silny, on ją tak przygniata. On jest taki wielki, ciężki taki, że ona jakby, trochę mało ją widać tam spod spodu. Tylko jego widać, jak on z tym gipsem białym takim, takie... To wszystko jest takie ciężkie... On jest na niej taki ciężki... To tak jakby, że on taki, że tak jakby ona jest tam pod spodem, i że ona nic nie może... I ja tak jakby tam jestem... takie to jest, że... ja nie mogę uciec. Nie mogę nic powiedzieć. Nie mogę głosu wydać. Jestem skazana na to, co będzie dalej... Nie ma nic... i potem mi się urywa...

To tak, jakby ktoś mi to robił z twarzą, dotykał... i te jego palce... Ładne palce, długie, męskie takie, i tak na głowie po dwóch stronach... Ten dotyk, taki dziki, agresywny, a jednak tam pod spodem dotyk... Jeden jego dotyk, to przez ten jego jeden dotyk... Tam jest to wszystko... dlatego, że to uczucie otwiera... zamyka... Czyli tam też to wszystko jest, kiedy on mi przyciska po twarzy, kiedy jest język, kiedy są oczy. On po prostu kocha robić coś z twarzami, to jest przerażające...

Nie mogłam pomóc mamie, to było niemożliwe. Byłam tam i nie mogłam nic. Nic dla siebie, nic dla niej. Jak się na nią rzucił, to ona właśnie taka z wyprostu upadła. Nie wiem, czy ja słyszałam więcej, niż ta cisza... Taka cisza i to...

Tak było też nocami, jak się nad nią znęcał. Ja nie mogłam zasnąć, nasłuchiwałam w bezruchu, leżąc pod kołdrą w drugim pokoju. Tam był ciągle taki sam rytm... a ja nic nie mogłam... Jak ja niby śpię, to że może mi nic nie zrobi, jak już skończy z nią... Nie mogłam jej pomóc... No i ja nie wiem, co się działo, jak tego nie widziałam. Tylko taki huk głowy, taki pusty i drapanie na podłodze i sapanie... jęczenie... i tak na przemian...

Czasem, jak były drzwi uchylone, to widziałam... Zobaczyłam krew na podłodze. To było przy krawędzi podłogi i ściany... i takie rozpryski na skos. Potem była taka przerwa, jakieś takie kropki, przerwa. Światło było takie żółte. A tam, jak jej to robił na twarzy, to światło było białe... W ogóle nie zrozumiałam, dlaczego to się stało... i że to jest krew. Tylko zobaczyłam to i tyle.

Potem tak jakby zobaczyłam ją i zobaczyłam ją na podłodze. Ona była w spódnicy i ona była zatoczona, tak do góry... Leżała na podłodze i jej twarz była cała we krwi. Te jej długie mysie włosy zlepiały się we krwi. Za uszami jakby się kończyło widzenie tego, gdzie jest twarz spod krwi. Tak jakby z przodu czoło, brwi, cała przednia strona była taka zamazana. Górna część też była cała we krwi. Z tyłu wszystko było w głowie we krwi, znaczy tam pod spodem... Była jakby na podłodze taka plama - koło...

Po prostu jak ja ją zobaczyłam, to jest po prostu niesamowite, to jest po prostu to, co... Nie wiadomo było, gdzie się zaczyna i gdzie się coś kończy, gdzie jest rana. Ja już nie wiedziałam, co on jej zrobił. Ja tylko widziałam początek tych oczu wciskanych i tą krew wszędzie…

Ja nie widzę jej oczu. To jest coś takiego, że tam tak jakby jak on wciskał jej te oczy, tam do środka, to ja widzę jeszcze kawałki brwi i końce palców, końce kciuków. Tak jakby ktoś mi to robił… W dotyku, to znaczy, jakby gdzie jest to, co moje, jeśli jest we krwi… ja w ogóle… że to się dzieje… Ta dokładna scena, czy mama żyje… Ona straciła dużo krwi i to było tak szybko… Bez pakowania, by przeżyć, jakbym miała znów uciec, bez przygotowania się…

Potem ona siedząca, pozaklejana, pozaszywana. To było już inny dzień, wróciła. Siedziała taka inna, jak nie moja mama. Jak ktoś nowy, jakaś pani, trochę pacynka. Ile to trwało… w tym szpitalu?

Stałam oparta o płotek sąsiadów i patrzyłam na nią, jak siedzi na ławeczce. Taka w bezruchu, trochę jak taka lala z rękoma i nogami spuszczonymi. Takie to było jakby puste, jakby tam nic nie było. Bałam się. Taka cisza wszędzie, słońce. Na dworze nikogo więcej, tylko my. Ja cały czas tam stałam sama, po prostu. Miałam potem jeszcze tak stać nie wiem ile i jakby czuwać. Mój ruch zależał od jej ruchu, a ona była na lekach przeciwbólowych.

Ona tak tam siedziała, a ja w szoku… że w tym co widziałam, nie widać było samego początku ani końca. No bo jak nie widać, to nie wiem co się stało w całości, tuż tuż przed szpitalem, gdybym wzięła początek i koniec razem. Stoję tam i to nasłuchiwanie nie pomaga, bo jest tylko cisza.

Światło było białe, ale nie miało to znaczenia. Czy to było w dzień, czy w nocy? Tato był nieprzewidywalny. Nie było w jego znęcaniu się podziału na dzień i noc. Zresztą dla mnie nie miało to zbytniego znaczenia. Jak to się działo, to się działo i już.

Nasłuchiwanie było dla mnie zmuszeniem się to bycia w tym. Inaczej bym nie wiedziała co się dzieje. Tak samo było z oczami, ale inaczej, tam byłam przyssana do obrazu w najmniejszych szczegółach. Gdy to się już działo, wtedy miałam też coś z uszami. Szczególnie jak stałam i się nie ruszałam. To było też nieprzewidywalne. Nigdy nie wiedziałam, jak będzie... Raz tak, raz tak, ale kiedy trzeba było uciekać, to właśnie jak mi uszy przestawały działać, to wzrok działał. Bo nawet jak ja biegłam do tych drzwi... i ich zobaczyłam na tej podłodze... i tam się to kończy. Tam właśnie jestem tylko ja i oni na podłodze.

Słyszę „tato zostaw!" i słyszę jęk, krzyk... właśnie, tylko że wtedy ją zgwałcił kolejny raz.

Był wieczór. On wszedł, my siedziałyśmy już schowane na tych tapczanopółkach. On wszedł do domu z impetem, wziął mamę i ją złapał w przedpokoju i jakoś tak ją zaciągnął. Woła: „Olga, ty kurwo, ja cię zabiję. Jesteś nikim!". Złapał ją za włosy. Zobaczyłam to przez lekko uchylone drzwi, schowana pod kołdrą. Zaczął ją ciągnąć, ale najpierw złapał za włosy i tak o ścianę uderzył jej głową.

Taki specyficzny huk to uderzenie wydało, taki specyficzny odgłos... To jest coś takiego, tak jakby taki dźwięk, tak jakby takiego dzwonu. Ale taki pusty dzwon, że on nie niesie oddźwięku. Jest tylko stuknięcie i to jest wszystko. Jest to taki dźwięk, że nie ma echa, to chyba najgorsze. Jest pustka po tym dźwięku, że ja to wszystko czuję sama w środku potem, w swojej głowie. I to jest też taki właśnie dźwięk pusty i krańcowy jakby już nigdy więcej już nic nie było... tylko koniec.

Ja za każdym razem nie wiem, czy moja mama żyje, czy ona nie żyje. Nasłuchuję, czy ona coś jeszcze mówi, czy ona coś jeszcze krzyczy, czy ona o coś jeszcze prosi.

Potem, jak on ją uderza, to zaczyna ciągnąć ją za włosy po podłodze. Ty kurwo, ty kurwo, ty kurwo. On ciągnie ją po podłodze, i tam jest tak, że on jest potem jakoś w przedpokoju znowu, i tam ona na tej podłodze. „Coo? Otwieraj Olga, zabiję cię kurwo, otwieraj!". On jej wlewa wódkę, na siłę otwiera jej usta. I znowu, on znowu ściska jej tą twarz i policzki – tak koło skroni i tak wciska palce bardzo głęboko i tak rozwiera szczękę. On właśnie coś z tą twarzą ma. Zapłacisz mi za to. Jesteś kurwą.

Wlewa jej wódkę, mama kaszle, krztusi się, a on nie przestaje… Ty dziwko, ty dziwko, ty dziwko, ty kurwo, ty dziwko, Ona się dusi, ona łka, ona tak jakby, a on coś tam „Olga ty kurwo"

Ona kaszle tam, ona wylewa, ona tak jakby właśnie krztusi się. To wszystko tak jakby tu po ustach spływa. Jest też tak, że ja widzę nogi mamy, jakieś takie zwiędłe, później już takie sflaczałe.

Innym razem ona ma takie nogi zgięte i takie silne. Właśnie jak on na niej leżał i wciskał te oczy do środka, ona miała takie nogi. Takie półzgięte i takie, one tak wierzgają. Tak jakby one, one tak niby są raz z jednej strony, a potem są z drugiej strony. I te stopy… Potem tak jakby widzę tylko te stopy… Tak, że jakby te sceny, one są tak poszatkowane, a ja po prostu, ja tymi oczami muszę patrzeć…

To tak jakby moje jedzenie wylatuje. Tak jakby on mi przyciskał policzki swoimi silnymi palcami. Z taką siłą nacisku, że jak ja to widzę, to mi się to przypomina, i że to jest tak, że to ja tam leżę. Że on mi to samo robi, że on tak jakby, że tak jak on wlewa, a mi wyciska… ale też wciska… Ona tak się krztusi, tak samo, jak ja kaszlę, jak on mi tu wyciskał to jedzenie. Ono tak wypycha się, tak trochę wyskakuje. U niej tak samo, tak po bokach, tak potem koło ust tak ścieka.

To takie jakby klatki z wizjera. Jak zdjęcia znikające, takie ni stąd ni zowąd, szybko się pojawiają i szybko znikają, takie dokładne. Czułam, że to mi pomagało, jakby zapisane zdjęcie z takim mikro malutkim ruchem. To mnie uspokajało, jak widziałam tak po milimetrze. Jak na linijce widać małe milimetry, to tak miałam zapisane w głowie w całości, że mogłam zobaczyć szczegół po szczególe… Takie mikro ruchy, kiedy co będzie się działo. Milimetr po milimetrze, jak na linijce, kreseczka po kreseczce. Właśnie ja nigdy całości nie widziałam. Jakby za dużo było do objęcia. Ja chciałam zobaczyć tylko te szczegóły. Dla mnie tam było wszystko. Widziałam to, co dla mnie najistotniejsze do przeżycia. Reszty nie, reszta to jak coś nieistniejące, nie ma, jakby brakuje obrazu.

Jak mama była już pijana, kładł się na nią. Podnosił jej spódnicę w przedpokoju czy w pokoju. Czasem, przykładowo, jak już byłam w pokoju tam schowana, to potem podchodziłam też do drzwi i sprawdzałam… Dotykałam szyby. Była chropowata biała z malutkimi grudkami. Czasem sobie dociskałam ją palcami, by się znów przycisnąć i przykładałam ucho, by usłyszeć co się dzieje… bym wiedziała… ale nie słyszałam jakby nic… On wtedy tak położył się na nią i ona tam wierzgała, wierzgała, i aż przestawała, i on na niej tam był. On się poruszał, aż ona przestawała wierzgać.

Tam jest sprzączka od tego, od paska spodni. Tam są takie elementy, co tylko ja widzę wzrokiem, takie małe. Jest takie półświatło, jest ciemno. Jest wszędzie dym, taki papierosowy się unosi. Wszędzie śmierdzi wódką. Te dywany są poskręcane tam. To jest wszystko takie, tam jest jakby takie… Jakby na dzikim zachodzie w salonie: takie ciężkie powietrze, jak widziałam w telewizorze, i z tą lampką taką pomarańczowo-żółtą z boku pokoju, po prawej stronie, w rogu. Prawie jak padające światło mojego koszmaru, światło rzucające odblask na pokój, kończące się ciemnością.

Tam jest tak mroczno, prawie mgliście. Tam ciężko obraz złapać. Jest taka mgła, jakby takie zamglone to wszystko, że tak ciężko jest oddzielić jedno od drugiego. Ale są tam takie malutkie elementy, takie z bliska, tak blisko oczu. One mi pomagają się zorientować, czy ona jeszcze żyje, co ja mam robić, czy ja mam uciekać… Jakbym czekała na jakiś znak z zewnątrz. Wtedy mogę wiedzieć co robić.

Tam jest takie, że albo coś się dzieje, albo nie. Jak się dzieje, to ja wiem co robić… Jak on jej to robi, to ja czuję, jakby on mi to robił. To że to się będzie mi dalej działo….

Czasem jest też tak, że widzę jak on gasi na niej papierosa, gdzieś koło ręki, gdzieś koło nogi. Widzę też, jak mój tato ciągnie ją do kuchni i podpala jej włosy. Jak zbliża jej głowę i te włosy robią się krótkie tam. On ją zawsze tak ciągnie. Ona jest jakby taka, tak zgięta w pół, ona tak do tyłu tymi stopami sięga i stara się podtrzymać równowagę. Czy on mógł jej zerwać skórę z głowy, nie wiem. On tych włosów jej całych tam nie spalił, nie. Tam śmierdziało, to było jakieś takie, że śmierdziało spalonym. To jego znęcanie się… Ona jest taka jakby wpół, jakby wygięta, ona stara się utrzymać tą równowagę…

Lubiłam ruch i biegać, i to szukanie równowagi. Żeby było dokładnie tak, jak gdy grałam w gumę. Mogłam wtedy skoczyć tak wysoko… i tak się wyginać, żeby wygrać. Była w tym równowaga, precyzja, szczegół do szczegółu. Albo jak grałam w „państwa-miasta" na czarnej ziemi wyrysowując granice patykiem, grając o kawałek ziemi… skokiem i biegiem…

I jak to widzę z nim i z nią, to była tam jakaś właśnie… Ciężko jest mi to wyjaśnić, to jest jakby w strzępach. Ja nie bardzo jestem w tym, nie wiem, jaka jest ważność tych układów w kawałkach tego, co widzę. Myślę, że po prostu moje oczy za dużo mają w środku wciśnięte, i stają się takie wypięte, i że w moich oczach jest tego tak dużo…

Ja nie mam opieki żadnej w tym. To się powtarza nagminnie, to jest cały czas, wciąż i wciąż, jakby bez końca. To nie są jakieś, nie wiem, dwa wydarzenia na całe moje życie. To jest cała całość w tej ogromności. I te palce, te kciuki są tam tak, że ja patrzę i nie mogę po prostu uwierzyć w to, co ja widzę. Bo ja nie widzę jej oczu, a widzę jego kciuki i to tak dziwnie wygląda, i ja tam stoję, ja tam patrzę…

Mam sześć lat czy siedem lat, jakoś tak, jeszcze przed sprawą sądową. To jest tak, że tato na niej leży i patrzę i nagle wbiega milicja. To jest tak, że najpierw widzę jednego pana –

on jest taki duży, wszystko jest takie duże. Oni są tacy duzi i oni są w tych ubraniach jak milicja, i napis mają taki, takie same napisy. Mają takie białe gumowe długie napięte pałki. Oni zaczynają z całej siły, po prostu ich jest po coraz więcej tych panów, i oni z całej siły tak, jakby oni się tak na niego rzucają.

Pamiętam, że on cały czas tak wierzga, a oni wszyscy tam wtargają jak buchnięcie ognia. Jest ich coraz więcej. Tak, oni wchodzą i są wciąż przy drzwiach i tych wejściowych i tych od pokoju po prawej stronie, Starają się je domknąć: i te od klatki i te obok do tego małego pokoju. Potem kolejni są i z każdej strony starają się go złapać. I z każdej strony biją, i oni tak biją, że tam jest taki dziwny odgłos pusty.

To jest taki odgłos, jak się bije trzepaczką koc. Wiem, bo miałyśmy taką trzepaczkę. Ja też tak byłam potem przed sądem, kiedy już mama nie była moją mamą. Po całej aferze sądowej to byłam tą trzepaczką bita przez mamę, i nie tylko trzepaczką. Ona była taka metalowa i miała takie tak jakby, ona mi się zawsze kojarzyła z kwiatkiem z wyglądu. Pamiętam była taka, taki kwiatek tworzyła z takich jakby trzech łezek. Takie trzy nierówne półowale i one były połączone takim zwiniętym. Tam była taka naciągnięta tak jakby guma zielona. Ja ją pamiętam, bo tam był trzepak u nas, tam w podwórzu, i my trzepałyśmy dywan. Ja pomagałam mamie, jak ona tam znosiła.

Jak milicjanci go bili tymi pałkami, to właśnie to był taki odgłos, tak jakby bitego dywanu. On tak wierzgał i cały czas walczył, cały czas się szamotał. Ich było tak dużo, ich było coraz więcej, oni tak jakby, ich było więcej niż jego, ale mimo wszystko on dalej walczył.

Ja stoję i znowu się wciskam w ścianę. Dla mnie to jest takie, że oni, że mi to samo zrobią. Jeżeli oni mnie tylko zobaczą, to mi to samo zrobią. Jakbym była z nimi zlana tam w oczach, jakby że oni i ja jesteśmy jednym zamkniętym obrazkiem w wizjerze. Ja tam jestem, ale to jest jak beze mnie. To jest moje jedyne miejsce, kiedy tam tak stoję. Nie mogę się ruszyć, widzę i czuję w oczodołach, jakbym miała tylko oczy.

Widzę jego niedobrość, i że on jest niedobrym człowiekiem, i że dlatego oni mu to robią. Tam tak mi się to wszystko łączy z tym, czy to ja też jestem tym niedobrym człowiekiem i czy to ja coś zrobiłam, czy coś powiedziałam, i czy oni teraz ze mną to samo zrobią. Bo wszystko co tato robi, to mi się wydaje, że będzie mi to robił. Bo taka jest konsekwencja: jak on najpierw robi mamie, to potem robi mi. Jak robi mamie, to zrobi i mi, a jak ktoś robi mu, to ktoś też zrobi mi, i też będzie ich wielu...

Ich jest bardzo dużo. Ich jest mniej więcej siedem osób. Oni się tak wszyscy wciskają. Oni go zaczynają też kopać, tam w głowę. On też tam się kuli, on tak się zgina wpół. Tam takie jest, że on tak jakby, on też taki zwinny jest w ogóle. Ciężko go, ja tak trochę widzę, ciężko go złapać.

Jest ich tylu i on cały czas wierzga. Oni jakoś go chcą przycisnąć i docisnąć. Zaczynają go tam kopać z tyłu, tam koło głowy z tyłu, koło szyi i niżej, kręgosłupa. Nie da się już na to dłużnej patrzeć, a ja… jakby nie mogę nie patrzeć. Jakby to był jeden spięty w zestawieniu obraz i ja ciągle się wciskam w ścianę.

Po prostu te wszystkie sceny są takie, że ja jestem w takim wielkim zatrzymaniu się. Jakbym nie miała mocy na nic, do niczego, do ruszenia się, do biegu, który tak kocham, nie ma tam nic z tego... Ja po prostu jestem w tym, z tym, nie mogę się ruszać. Ja nie mogę oddychać, ja muszę być cicho. Żeby nikt mi czegoś takiego samego nie zrobił. Żeby mnie to nie spotkało.

W pewnym sensie mi się wydaje, że mi się to samo dzieje. A oni też go, oni tam biją go też po głowie znów, kopią. On się zaczyna kulić, on tak rękoma się tam zakrywa.

Patrzę też na te pałki, ale widzę obraz jakby znieruchomiały. Mogę jakby widzieć szczegóły tego wszystkiego. Te pałki są takie długie, i one są takie, że jak, tak jak trzepaczka na przykład. Ona tak po trzepnięciu, ona jakby odstaje tak. Tam jest takie widzenie w szczegółach i cały czas to zbliżenie, jakbym była bliżej w tym, w szczegółach. To jest też powoli ostatecznie, wolno tak się dzieje. Choć czasem i szybko, jak kiedy oni wchodzą, ale mimo tego mogę wtedy też obraz oglądać powoli…

Widzę ich ruchy, najbardziej to z całej takiej tej sceny to jak mój tato się szamocze. Potem widzę takie jakby w różnych miejscach, jakby podskakujące te kijki białe, w różne strony, ni stąd ni zowąd, ale trzepią… Bo oni są w ciemnych tych ubraniach, to wszystko się takie ciemne robi. Tego jest tak dużo, on się tak szybko szamocze.

Widać go szamoczącego się i takie tylko zbliżenie w szczegółach, jakieś kopnięcie. Wtedy on się tak odbija, i wtedy on się zakrywa, jest tak jakby nowy ruch. Albo to, jak oni go tymi pałkami, i te pałki, te pałki to w różnych miejscach po prostu widać. Tak jakby one były nagle tu, potem trzy są, białe dobrze widać na ciemnym tle. Tak widziałam, jak rysowałam. Tak jakby z każdej strony i on się tak w różne jakby strony przekręca.

On tymi nogami, tak jakby zgina je, tak w pół, tak jakby w pozycji siedząco-leżącej. On zaczyna kopać, oni zaczynają go kopać. Zaczynają przytrzymywać jeden drugiego. On dalej się zaczyna wyrywać, oni też coś krzyczą. Nie pamiętam co, coś „kurwa”. Same brzydkie słowa są jakieś cały czas. Ja nie wiem, gdzie jest moja mama, znowu. Ja nawet nie wiem, kto zadzwonił na milicję.

Czasem było tak, że tam ktoś zadzwonił, albo ona pobiegła zadzwonić a ja zostałam, nie wiem. Natomiast to są sceny, które są tak oblewające, że po prostu ja jakby znikam z ciałem. Ja kończę, już koniec jest. Ja nie wiem, jak to się kończy. Znaczy potem go zabierają do więzienia, ale o tym dowiaduję się dopiero później, kiedy już tam jest.

Tylko dla mnie, na moich oczach, zniewolenie go tak wieloma ludźmi, to jest bardzo dużo. To jest po prostu… Tam jest tak dużo wpisów zniewolenia, że to jest nierówne do tego, co on zrobił. Ich jest tylu i to nawet nie są ręce, a on, przykładowo, jej nie bił nigdy przedmiotami. On zawsze ją bił sobą, dłońmi.

Jestem w ogóle w szoku, jak ja widzę te pałki. One są takie jakby podskakujące, odbijające się i ich jest bardzo dużo. I jeszcze oni – ci panowie - są o wiele więksi, niż te pałki. To wszystko jest takie, że ja staram się zrozumieć w trakcie kiedy to się właśnie dzieje, i gdy widzę i jego, i tę szamotaninę. Ja nie mogę, ja nie mogę w tych oczach. Jak ja tak zbliżam tam wzrok, to widzę szczegóły i nie mogę nadążyć za potokiem obrazów, który się dzieje.

Takich scen było kilka. To nie było raz, że przyszła do nas milicja do domu. Czasem w ogóle przychodził też taki milicjant, taki wysoki, to ja się strasznie go bałam, bo ci milicjanci robili różne rzeczy z ludźmi. Jak przychodził o coś zapytać, albo w ogóle było pukanie do drzwi, to ja już się bałam. Ja zawsze kilka razy podchodziłam do drzwi i sprawdzałam, czy drzwi są zamknięte. Nawet jak byłyśmy z mamą w domu, to też pamiętam, że bardzo bałam się popatrzeć w tego judasza. Dlatego, że mi się wydawało potem po tych oczach z mamą, że ktoś mi w oko coś wsadzi przez tę dziurkę. Potem na wuefie bałam się też stanąć na rękach. Bałam się, że spadnę na głowę, jak ona dostawała w głowę od niego, jak on od milicji dostawał w głowę, jak ja od niego dostawałam w głowę…

Jak milicja przychodziła, to ja właśnie nie mogłam nic mówić. Ja tylko słucham, ale tak słucham, że ja w ogóle nie słyszę, co oni mówią. Oni przychodzą, coś się pytają, o jakieś szczegóły moją mamę, gdzie on jest, że go poszukują. Ona mówi, że nie wie. Ona się boi, wtedy ja też się boję. Ja już nie wiem czego on chce, czy on coś nam zrobi, co się będzie dalej działo.

Tam jest ciągle, że właśnie ja nigdy nie wiem co się będzie działo. Dlatego, że po prostu, nawet jak oni zaczynają bić na moich oczach, to wszystko... Jak on na moich oczach rzuca się, i jak wciska jej te oczy, i jak on przykładowo ją gwałci. Czy też jak on ją ciągnie i widzę tam, w tej kuchni, że to wszystko jest za szybko. Ja nie nadążam oddychać i przestaję oddychać. Ja nie nadążam i ja nigdy nie wiem co się będzie działo. Ktoś puka do drzwi – nigdy nie wiadomo jak to się skończy. To się może skończyć wszystkim. Tam zawsze jest takie wielkie pytanie...

Pamiętam, że milicja za jakieś bójki go poszukiwała, bo kogoś pobił.

Teraz ta scena się jakoś tak kończy, że ja nie wiem jak to się kończy, a potem jest scena, że oni się rzucają na niego i go biją. Już jestem tak zalana wszystkim co widzę...

Mi właśnie się tak robi coś takiego, mi się wydaje, że ten wyskok w oczach i tik powieki, to jest tak, jak wybuch bomby na oczach. Widziałam w filmie, po prostu tak jakbym wybuchła i tak z plaskacza. Po tym jest wszędzie na ścianie w każdym miejscu rozbryzg, taki sam jak wódki z kieliszka rozbitego na ścianie. Tak jakby z plaskacza człowieka... i już nigdy nie jest tak, jak było. Ja też jestem inna i tam czekam znów jak na wybuch, nie wiadomo z której strony. Te ataki wiążą się z taką pełną nieprzewidywalnością.

Potem jest tak już ciągle. Po prostu nie wiadomo skąd, nie wiadomo, w ogóle, czego oni chcą, ci milicjanci i inni... To wszystko jest coś takiego, że ja ciągle nic nie rozumiem. Ja wiem, że mój tato jest niedobry. Ale oni go tak biją, że ja nie mogę tego zrozumieć. To jest dla mnie za duże, zbyt wytrzeszczone... Mama czasem mówiła, że jak warkoczyki mam na głowie, to żebym nie dostała wytrzeszczu. Tam wtedy się bałam, żebym nie dostała, ale nie mogłam przestać patrzeć, jak już się to działo. Albo że może jeżeli będę niedobra jak on, to jak ktoś mi będzie coś robić do tego stopnia, to żebym najlepiej była niewidzialna.

Będę grzeczna, a nie jak mój tato. Potem chodzę do kościoła te kilka lat, mama zabiera. Tam pamiętam, kilka razy, no to po prostu jak ja patrzę się tam na tego Jezusa i na Marię, no to ja po prostu chcę być tylko nimi. Bo jeżeli ja będę jakkolwiek zła, to po prostu mi się coś takiego przytrafi, co tacie z milicją.

Dla mnie to wszystko potem jest tak, jakbym była dziewczynką sprasowaną, wyplutą ze słomki. Tam jest coś tak jakby, że to powietrze ze słomki zostało jakoś tak o wepchnięte w twarz, i w oczy, i w uszy. Jakby wypiździło wszystko od środka, a ja jeszcze bardziej w tył wyleciałam. A potem ja mam wstać i chodzić do szkoły, odrabiać prace domowe i robić wszystko to, czego ode mnie chcą...

Jego matka, moja babcia, lubiła moje przybrane rodzeństwo, za to mnie odrzucała. Ona się tak na mnie wściekała ciągle i odpychała. Tato się Tosi słuchał, żeby przestać bić mamę, i Tosia miała też jakąś taką pozycję osoby, która rządzi. A dla mnie tam jest za dużo. Bo ja trochę tak słyszę, jakby mi tak świstało w uszach. Jakby tam dziury były i jakby przelatywało mi wszystko pomiędzy przez głowę. Tak czuję też, że wzrok mi idzie do góry i trochę niby spać mi się chce i taka właśnie zaczynam być zalana. Tak jakoś mi się kręci w głowie i czuję się tam wtedy słaba, mam takie słabe ramiona.

To jest takie zalanie, tak jak potem, to są te pierwsze wizje tych stałych, ściśniętych w oczach obrazów. Jak one są już coraz większe, coraz większe, coraz większe... Ja tam się wciskam w tą ścianę, oczy wciskają się we mnie i obrazy w nich wciskają się w moje oczy. Ja już nie mogę oddychać. Jest mi bardzo sucho w ogóle w ustach, bardzo sucho, bardzo. Takie z jednej strony buzi, że mam takie trochę boczne ślinotoki, a z drugiej jest bardzo mocno sucho Tak prawie aż do bólu takiego, grudek takich, że tak sucho jest.

I te ich buty czarne duże, wielkie takie... Tych milicjantów, i oni tak tymi butami...

Tam jest taki wytrzeszcz wszystkiego i oni też w tym wszystkim są takim wytrzeszczem. Tak samo to, co jest w tym i wcześniej, jak on ją bije i maltretuje. Już nie wiadomo, co jest za duże, a co jest za małe. Może wszystko jest za duże, a ja jestem za mała. Odległość jest nierówna, a czasem mi się wydaje, że ten przedpokój jest takim dużym holem. A jak ci milicjanci wchodzą, to czasem ich prawie widzę jakby oni na suficie byli. Albo ja na suficie jestem i widzę, choć coraz bardziej wciskam się w ścianę, bądź znikam… Tylko oczy zostają i jakby bolą od patrzenia, jak nie chcę już patrzeć, a one dalej patrzą.

Zaczyna mnie boleć serce i to jest taki silny ból w środku po boku tam, i jest tam ten atak paniki, że ja ledwo oddycham.

Boli mnie też prawa strona głowy. Wokół skroni i dalej w tył, w dół, jak łuk, i też koło oczu, I jeszcze ten nerwicowy tik taki mi powstaje, jak widzę potem oko mamy wokół zszyte… I że to moja wina… że to przeze mnie i już zawsze będzie przeze mnie. I że to już nie jest moja mama, tylko ktoś inny…

NOTA O AUTORCE

- Jego już nie ma, a ja jestem dziewczynką – mówi Mała Eliza.
- Ty jesteś dziewczynką, a ja stałam się kobietą. I wciąż się staję... – dodaje Duża Eliza.
- A Ty przegrałeś, tato. I widzisz, ja mówię, nie mam już nawet selektywnego mutyzmu – dopowiada Mała Eliza i chwyta swoją małą dłonią dłoń Dużej Elizy. Duża Eliza uśmiecha się do niej i czując jej dłoń w swojej dłoni stwierdza – Nasza energia należy do nas.

DODATEK

Tytuły książek autorstwa Ewy Lawresh z serii

A właśnie, że powiem!

Lawr esh, E., *A właśnie, że powiem! Zabawy pierwszego sadysty.*
Oksford, 2021.

THE PATH TO EPIC HELLO

Ani Piętno, ani Tabu.
Tylko moje Doświadczenie w kierunku Prawdy
w kierunku Bezwarunkowej Miłości
w kierunku Rozkoszy Życia
w Kierunku Potencjału Przyjemności!

Droga poszukiwania samej siebie po utraceniu wszystkiego.
Po walce, uciecze i zamrożeniu, przetrwała jak
zwierzę w klatce.

pathtoepichello.com

Powyższa witryna internetowa jest poświęcona autorskiemu, nowatorskiemu podejściu Ewy Lawresh do zrozumienia, rozwoju, transformacji i formy wlewania w siebie jako aktu pozwolenia. Dalej obecność w przyjemności i poszerzanie tego doświaczenia, żyjąc od wewnątrz na zewnątrz i kwitnąc z potencjału człowieka. Tworzenie tego podejścia rozpoczęło się od pracy z dziećmi potrzebującymi specjalnej, unikatowej opieki, zrozumienia i współczucia. Następnie ewoluowało latami przez wszystkie etapy ludzkiego rozwoju. Zawiera ono część teoretyczną i praktyczną. Ewa poświęciła z pasją ostatnie 17 lat życia, by móc je stworzyć, doświadczyć i rozwinąć. Jeżeli chcesz wesprzeć pogłębianie tegoż podejścia, które może pomóc milionom ludzi, szczegóły znajdziesz na stronie internetowej.